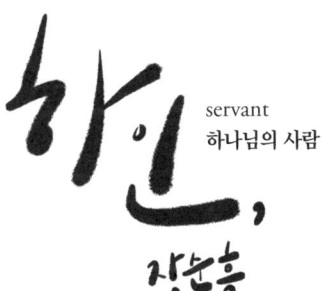

하련, 잘 è

초판발행 | 2022년 3월 4일
발행처 | 국민일보
등록 | 제1995-000005호
주소 | 서울 영등포구 여의공원로 101
전화 | 02-781-9870
홈페이지 | www.kmib.co.kr

ISBN 978-89-7154-352-8 (03230)

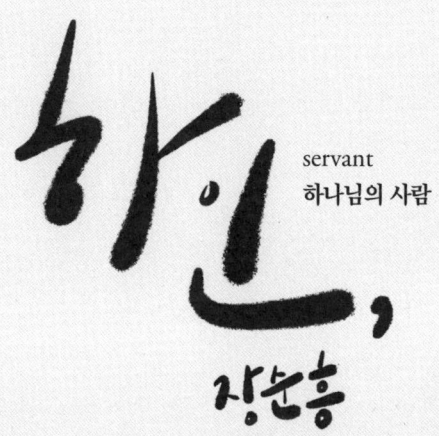

servant
하나님의 사람

하인, 장순흥

장순흥 지음

국민일보

목차

프롤로그 • 8

1. "주는 것이 받는 것보다 복 있다" 주님 말씀 일찍 깨달아 • 13
2. 죽음에 대한 고민으로 우울증… 성경 말씀 통해 극복 • 17
3. 고등부 회장 맡아 무료 수업 해 가며 전도에 매진 • 23
4. "신앙이 공부보다 우선"… 고3 시험 기간에도 예배 • 27
5. '복음은 사느냐 죽느냐의 문제'… 학업과 복음 전도에 최선 • 33
6. "한국 원자력 발전에 이바지하겠다"… 미국 유학길 • 37
7. 시험 예상문제 모두 적중… "완벽한 모범답안" 교수 칭찬 • 41
8. 선배 전도하다 선배 여동생에게 마음 "저와 평생을…" • 45
9. 한국서 원자력공학과 설립 소식에 사표 내고 귀국 • 49

10. 스물여덟에 카이스트 부임… 원자력 기술 자립에 몰두 • 53

11. 미국서 배운 원전 기술, 석박사 과정 수업에 녹여내 • 59

12. '5C 전도법' 개발… 믿지 않는 이들에 확실한 복음 전달 • 65

13. 내 이름 딴 '장스 밸브' 설치로 원전 기술 자립 성공 • 71

14. 카이스트 교회·선교 사역 맡아 많은 기독 교수 배출 • 75

15. 연공서열 버린 '테뉴어 제도'… 교육의 질·성과 높여 • 81

16. 입학사정관 전형 고안해 한국의 교육환경 바꿔놔 • 87

17. UAE 원전 수주… 위축된 연구개발 분위기 살아나 • 93

18. 후쿠시마 원전 사고, 부실한 사후 대처에 피해 눈덩이 • 99

19. 원자력 옹호가 빌 게이츠, 한국형 원자로에 큰 관심 • 105

20. '하나님의 대학' 한동대 차기 총장 권유에 고민 • 109

21. 한동대 총장 부임… '문제 해결 중심 교육' 강조 • 115

22. 낮은 자의 모습으로 섬기는 선순환 전통 26년간 지켜 • 119

23. 변화하는 사회가 요구하는 진정한 글로벌 대학으로… • 125

24. 한동대, 유엔 NGO 콘퍼런스 열어 개도국 지속 개발 힘써 • 131

25. 포항 지진으로 대학 외벽 붕괴에도 인명 피해는 없어 • 137

26. 포항의 미래 걸린 지진 원인 규명… 촉발 지진으로 확인 • 143

27. 한동대 재건 눈물로 기도… 국내외서 도움의 손길 이어져 • 149

28. 코로나 19 어려운 상황 겪으며 주님의 예비하심 알게 돼 • 155

29. 한국 최초 선교사대회 개최… 희망과 은혜 나눠 • 161

30. '하나님의 대학' 한동대, 세계 선교의 전초기지로 키워 • 167

에필로그 • 172

프롤로그

"히브리 남자아이들을 전부 강물에 던져 죽여라!"

가혹한 현실을 맞닥뜨린 나약한 인간이 할 수 있는 일은 그저 하나님의 도우심을 간절히 바라는 것뿐입니다. 실은 가장 어려운 일이기도 하지요. 갓 태어난 아이를 갈대로 엮어 만든 상자에 담아 강가에 띄운 요게벳의 믿음이 오늘을 사는 우리에게 아직까지도 큰 울림을 주는 것은 바로 이 때문입니다.

고등학교 시절 죽을 수밖에 없었던 나의 영혼이 주님을 만나게 되었고, 주님의 부르심 속에서 새로운 사람으로 거듭날 수 있었습니다. 이후 매일매일의 삶은 기쁨의 연속이었으며, '주님의 영광을 위하여 복음을 전하며 살고 싶다'는 꿈으로 가득 찬 생활이었습니다.

민둥산을 바라보며 초등학교 때부터 우리나라의 에너지 문제를 해결하고 싶다는 목표는 원자력공학 전공과 유학으로 이어졌으며, 1982년 카이스트에 부임하면서 오랫동안 기도하고 준비해 온 대한민국 원자력 기술 자립을 위한 인재 양성과 기술 개발이라는 '아무도 가지 않은 길'의 첫발을 내딛게 되었습니다. 결국 제자들과 불이 꺼지지 않는 실험실의 주인공들이 되어 선후배, 동료들과 함께 원자력 불모지에서 2009년 해외에 원전 수출이라는 기적을 만들어 낼 수 있었습니다.

또한 2001년 기획처장을 시작으로 교학부총장으로서 카이스트 교육 혁신의 현장에서 기획하고 운영했던 10여 년은 주님의 크고 작은 은혜를 경험할 수 있는 시간이었습니다.

그러나 이러한 인생의 모든 과정을 돌이켜 볼 때, 원자력 기술 자립의 외로웠던 길과 카이스트 교육 혁신의 기쁨과 인고의 시간들은 결국 한동으로 부르시기 위한 주님의 계획과 훈련이셨음을 깨닫게 되었고 겸손함으로 무릎을 꿇게 되었습니다.

우리의 주관자 되신 하나님께 맡긴 나의 삶.

신실하신 하나님께서 언제나 위기를 기적으로 바꾸어 주실 것을 믿고 담대하게 걸어온 지난 모든 삶.

고등학교 시절 하나님을 진실로 마주한 순간부터 한동대학교의 총장으로 재임한 2022년 1월까지 모든 시간은 하나님의 역사하심을 목도할 수 있었던 영광의 순간들이었음을 고백합니다.

작고 여린 아기 모세와 같았던 한동대학교를 혼란한 세상으로부터 보호하기 위해, 혹여 물이 샐까 갈대상자에 역청과 나무 진을 정성껏 칠하던 요게벳처럼 눈물과 기도로 동역해 주신 고마운 분들이 함께하였기에 고난과 위기를 거뜬히 이겨낼 수 있었습니다.

사람이 하는 일이 늘 그렇듯 돌아보면 부족한 점이 많지만, 하나님의 인도하심과 끊임없는 동역자들의 기도가 있었기에 하나님을 빼고는 도저히 설명할 수도, 존재할 수도 없는 힘을 얻어 한동대학교를 위해 끝까지 지치지 않고 달려올 수 있었습니다. 한동이 개교한 이래 가장 푸르른 청년 한동의 시기를 함께할 수 있어서 행복했습니다.

그동안 한동인 한 사람 한 사람이 세상을 변화시키는 하나님의 인재가 되기 위하여, 저를 비롯한 한동의 모든 구성원들은 많은 노력을 기울여 왔습니다. 이 작은 졸고를 통해 그러나 지금 이 시간에도 흥해읍 남송리 하나님의 훈련 현장에서 헌신하는 교직원들의 수고가 기억되기를 바라는 마음으로 우리가 함께 경험했던 이야기를 책으로 엮어 보았습니다.

예상치 못한 포항 지진의 직격탄을 맞았던 때에도, 코로나19의 팬데믹 상황에서도 하나님께서는 우리를 불꽃과 같은 눈동자로 지켜 주셨고, 사방이 큰 산으로 가로막힌 막막한 순간에도 산을 옮겨 축복의 통로를 내어 주신 것을 한동인 모두가 경험할 수 있었습니다. 우리의 생각과 다르신 하나님만의 방법으로 한동을 이끌어 주신 그 현장을 직접 목격한 우리가 바로 믿음의 산증인입니다. 이 귀한 체험들이 기록으로 남아 오래도록 기억되고, 많은 사람들에게 전해지기를 소망합니다.

지면을 통해 감사의 인사를 전하고 싶습니다.

가장 먼저 은혜 가운데 한동을 지켜 주신 하나님 아버지, 감사합니다.

지진과 코로나19 팬데믹으로 어려운 중에도 지치지 않고 열정과 수고를 다해 주신 사랑하는 한동의 교수님과 직원 선생님들께 감사한 마음을 전합니다.

누구보다 어렵고 힘든 학창 생활을 보내며 가장 힘들었을 사랑하는 한동의 학생들에게도 진심으로 수고 많았다는 격려와 함께 앞으로의 인생 항로도 하나님께서 인도해 주시기를 온 맘 다해 응원합니다. 또한 언제나 뒤에서 저를 지지하고 기도로 성원해 주셨던 학부모님들께도 존경과 감사의 마음을 전해 드립니다. 책을 낼 수 있도록 도와주신 국민일보 이명희 종교국장, 백상현 기자, 디자인을 맡아준 김은혜씨, 탈고와 교정을 도와준 김미정 김지현 이규석씨에게도 감사드립니다.

여전히 갈 길이 멀고, 부족한 모습이 여실히 드러날까 걱정도 앞섭니다. 하지만 기대에 못 미치는 연약함을 발견하게 된다면 오히려 그 또한 우리 자신의 새로운 기도 제목이라고 생각합니다. 언제나 기도로 동역해 주시기를 바랍니다.

한동대학교를 퇴직하며 호를 하나 갖게 되었습니다.
'하인'입니다. 하인은 두가지 의미를 담고 있습니다.
첫째는 servant라는 의미의 하인이고, 둘째는 하나님의 사람이라는 뜻의 하인입니다.
이제 하나님의 사람, 하인 장순흥으로 주님을 섬기며 살아가려 합니다.

● 장순흥 한동대 총장이 1955년 모친 이정송 권사와 돌 기념사진을 촬영했다.

1

"주는 것이 받는 것보다 복 있다" 주님 말씀 일찍 깨달아

어릴 때부터 남들에게 주는 것 좋아해
친구들에 사탕 나눠주다 돈 다 떨어져
누나 숙제 대신 해 주고 용돈 마련

지난 40년을 뒤돌아보니 주님의 인도하심에 따라 과학자, 교육자, 행정가로서 달려온 삶을 살았다. 1982년 카이스트 원자력공학과 교수로 부임해 37년 여간 후학을 양성했다. 대한민국 원자력발전소 기술 자립에 기여했으며, 2014년부터는 하나님의 대학인 한동대 총장을 맡아 글로벌 기독 인재 육성에도 힘썼다.

나는 1954년 5월 6일 서울 성북구 돈암동에서 태어났다. 3남 2녀 중 둘째 아들로 태어났는데, 비교적 유복한 가정이었다. 이북 출신인 아버지는 육군사관학교를 나와 영어도 잘하고 학구적인 분이었다. 내가 태어났을 때 대령이었는데 얼마 후 장군으로 진급하셨다.

육사 3기였던 아버지는 박정희 대통령보다 1기 후배였다. 소장 진급 후 1969년 예편했다. 지금도 아버지가 사단장이시던 시절 강원도 철원 본부를 놀러 갔던 기억이 난다. 어머니는 경북 김천 출신의 인텔리였다. 김천여고를 졸업하고 이화여대에서 약학을 전공했는데 기차 여행을 하다가 두 분이 만났다고 했다.

우리 집은 필동 대한극장 근처에 있었는데, 학교 진학에 맞춰 종로구 사직동으로 옮겼다. 어렸을 때부터 나는 남들에게 무엇이든 주는 것을 좋아했다. 서울 덕수초등학교에 다닐 때 일이다.

"순흥아, 나 사탕 좀 줘."
"어, 그래. 여기 있어."

나는 누가 무엇을 달라고 하면 거절을 못 했다. 친구들에게 뭐든지 퍼주다 보니 항상 돈이 모자랐다. 무엇이든 주면 기분이 좋았다. "주는 것이 받는 것보다 복이 있다 하심을 기억하여야 할지니라"(행 20:35) 라는 주님의 말씀을 일찍부터 깨달은 것 같다.

그래서 생각해 낸 것이 누나의 산수 문제를 풀어 주기로 한 것이다.

"누나, 친구들한테 사탕 사 주려면 돈이 좀 필요한데, 얼마 좀 줄래?"

"그럼 네가 내 수학 숙제 해 줘. 100원 줄게."

누나가 돈을 준다는 말에 두 학년 위인 누나의 숙제를 해 줬다. 중학교 때도 마찬가지였다. 누나의 수학 숙제는 늘 내 몫이었다. 자연스럽게 수학 실력이 부쩍 늘었다. 그렇다고 과외를 받았던 것은 아니다. 특히 논리적인 것과 역사에 관심이 많았다.

아버지는 말씀을 많이 하지는 않으셨다. 아침 일찍 일어나셨는데 늘 손에 책이 있었다. 어머니도 아버지 옆에서 책을 읽으셨다. 그래서 그런지 부모님으로부터 자연스럽게 일찍 일어나고 책 읽는 습관을 배운 것 같다.

덕수초등학교에서는 반에서 10등 안에 들면 경복중학교에 진학할 수 있었다. 아버지는 늘 잘 할 수 있다며 격려해 주셨다. 어머니도 공부하라고 잔소리하시는 분이 아니었다. 그런 환경에서 자란 우리 5남매는 스스로 공부하는 습관이 배어 있어서 그런지 좋은 대학에 진학했다.

교회는 덕수교회에 출석했다. 지금 서울 태평로 조선일보 자리에 있었다. 얼마 후 성북동으로 이전했는데, 당시는 최거덕 목사님이 담임을 맡고 있었다. 지금은 원로목사가 되신 손인웅 목사님은 그때 전도사님이었다. 어머니를 따라 교회에 다녔지만 그리 열심을 내지는 않았다.

● 장순흥(오른쪽) 한동대 총장이 1969년 서울 경복고 재학시절 학교 친구들과 함께 기념사진을 촬영하는 모습.

2

죽음에 대한 고민으로 우울증…
성경 말씀 통해 극복

"믿는 자마다… 영생 얻게" 머리에 남아
믿음의 중요함 깨달은 후 우울증 사라져

1969년 청와대 옆 서울 종로구 효자동에 있는 경복고에 무시험 입학했다. 당시 경복고는 경복중을 졸업한 480명을 뽑고 다른 중학교 출신 240명을 뽑았다.

입학 초기엔 열심히 공부했고 성적도 좋았다. 공부에 자신감도 붙었다. 그러나 1970년 초 겨울방학 어느 날 갑자기 심적인 문제가 발생했다. 문득 인생이 무엇일까, 라는 깊은 의문이 생겼다.

'아무리 공부를 잘해도, 못해도, 잘살아도, 못살아도 결국은 죽음이다.' 이러한 생각에 휩싸이니 갑자기 허무감이 밀려왔다. '이 죽음의 문제를 해결하지 못했는데, 앞으로 어떤 사람이 될 수 있단 말인가.

그럼 지금 무엇을 해야 할까.'

슬럼프가 시작됐다. 내가 아무리 성공적인 삶을 살아도, 훌륭한 삶을 살아도 결말은 딱 한 가지였다. '아무리 생각해도 죽음뿐이구나. 결국, 내 삶의 시나리오는 내 노력으로 내 맘대로 쓸 수 있지만 죽음이라는 결론은 선택의 여지가 없다. 이건 언젠가 내게 닥쳐올, 너무나 분명하고도 확실한 결론이다.' 생각의 꼬리가 꼬리를 물었다. 그럴수록 우울증의 수렁에 빠져들어만 갔다.

그 당시 나의 심리 상태를 가장 잘 설명해 줄 수 있는 것이 톨스토이의 '참회록'에 나오는 우화이다. 사자에 쫓기던 사람이 우물 속으로 피하지만 우물 속에는 커다란 뱀이 입을 떡 벌리고 있었다. 그 사람은 우물 바닥으로 떨어지지 않으려고 겨우 대롱대롱 매달렸는데, 잡고 있는 관목 가지를 쥐가 갉아먹는 상황이었다. 그때 그는 나뭇잎 끝에서 떨어지는 꿀을 핥아 먹으며 순간의 달콤함을 만끽한다.

딱 내 모습이었다. 깊은 허무주의와 우울증에 빠졌던 나는 그 당시 달콤했던 콜라에 빠져들었다. 톨스토이의 우화에 나오는 인간이 죽음 앞에서 아무 의미도 없는 허망한 꿀맛에서 행복을 느꼈듯이 나한테는 콜라 맛이 그런 것이었다. 아무 의미도 없이 그저 콜라가 주는 순간의 시원함과 달콤함이 나를 위로하는 듯했다.

그렇지만 콜라 맛의 기쁨이 얼마나 오래 갈 수 있었겠는가. 한낱 탄산음료로는 공허함을 채워 줄 수 없었다. 시간이 흐를수록 우울증은 점점 더 심해졌다. '아, 이래서는 안 되겠다.' 어떻게든 살아야겠다는 생각이 번쩍 들었다. 그래서 고등학교 2학년이 시작된 3월 첫째 주일 서울 덕수교회를 내 발로 찾아갔다. 어쩌면 살기 위한 마지막 몸부림이었다.

교회에 들어서자마자 예배당 벽에 붙어 있던 큼지막한 말씀이 눈에 들어왔다.

> "하나님이 세상을 이처럼 사랑하사 독생자를 주셨으니 이는 그를 믿는 자마다 멸망하지 않고 영생을 얻게 하려 하심이라."(요 3:16)

나는 마치 자석에 고정된 듯 오랫동안 그 구절을 읽고 또 읽었다. 집에 돌아와서도 요한복음 3장 16절을 펼쳐 놓고 계속 들여다봤다. "믿는 자마다 멸망하지 않고 영생을 얻게 하려 하심이라"는 말씀이 자꾸만 머릿속을 맴돌았고 이내 가슴이 뜨거워지는 것을 느꼈다.

이후 오랜 시간 깊은 묵상으로 이어졌고 이 말씀을 통해 마침내 믿음이 무엇보다도 중요하다는 사실을 알게 됐다. 믿는 것이 중요하다는 것을 깨닫는 순간 한 가닥 삶의 희망이 보였다. '아, 이거다. 이게 해답이다. 어쩌면 이토록 하나님이 인간을 사랑하실 수 있단 말인가. 내가 독생자를 믿음으로써 구원과 영생을 얻을 수 있고, 또 멸망치 않을 수 있다면 무슨 일이 있어도 그 길을 가겠다.'

신기하게도 그동안 나를 지배하고 있던 허무주의와 우울증은 안개 걷히듯 사라졌다.

하인, servant
하나님의 사람
장근홍

● 장순흥 한동대 총장이 고등부 학생회장을 맡던 시절 서울 덕수교회. 당시 교회는 서울 중구 조선일보 자리에 있었다.

3

고등부 회장 맡아
무료 수업 해 가며 전도에 매진

30명이던 고등부 학생 90명까지 불어나
수양회서 손인웅 강도사의 로마서 강해
'믿음으로 구원…' 평생 믿음의 자산 돼

1970년 3월 주님을 믿고 구원의 확신을 받은 순간부터 우울감은 사라졌다. 늘 공허했던 마음도 채워졌다. 날마다 내면의 풍요 속에서 감사가 이어졌다.

그런데 재미있는 일이 벌어졌다. 교회를 본격적으로 나가기 시작한 그다음 주일은 마침 고등부 회장을 뽑는 날이었다. 당시엔 고등부에 고등학교 2학년 학생이 별로 없었다.

"새로 나온 순흥이가 회장을 맡는 게 어떻겠습니까."
"좋습니다. 고등부에도 새로운 피가 수혈돼야 합니다."

학생들과 고등부 선생님은 나를 회장으로 추천했다. 아마 내가 의욕에 가득 차 보였었던 것 같다. 그렇게 엉겁결에 30명이 출석하는 덕수교회 고등부의 회장직을 맡게 됐다.

교회에 제대로 다니지 않다가 회장을 맡았으니 그 자리가 무슨 일을 하는지도 몰랐다.

"회장은 무슨 일을 해야 합니까?"
"주보를 만들어야 하지. 하지만 제일 바람직한 건 고등부 회원을 많이 늘리는 거야."
'아, 무작정 아이들을 많이 데리고 오면 되는구나.'

아기가 첫걸음마를 떼듯 겨우 교회에 첫발을 디딘 나는 2주 만에 학생 전도라는 최전선에 뛰어들었다. 마치 다윗이 어떠한 준비나 무기도 없이 골리앗을 처음 만났듯 회장이라는 직책과 함께 아무런 지식이나 경험도 없이 전도라는 사명 속에 던져졌다. 열정을 가지고 최선을 다해 전도에 매진했다.

당시 나는 전교 10등 안에 들었다. 고등부 학생회장을 맡으면서 토요일 오후에는 아이들에게 수학과 과학을 무료로 가르쳤다. 봉사하는 마음으로 수학과 과학을 가르치면서 전도를 하고자 하는 마음이 컸다. 그리고 '굿 뉴스 포 모던 맨'(Good News for Modern Man)이라는 영어 성경을 함께 공부했다.

그러다 보니 전도도 절로 되고 수학과 영어 실력은 더 늘게 되었다. 2살 많은 누나의 수학 숙제도 해 주면서 용돈까지 벌었다. 그 돈으로 아이들에게 간식을 사 주면서 전도는 빛을 발했다. 그 결과 고등부가 90명까지 불어났다.

전도를 열심히 한 특별한 까닭은 없었다. 그냥이었다. 이상하게 전도가 즐겁고 행복했다. 지금 생각해 보면 주님이 나에게 주신 달란트를 처음 사용하게 됐던 첫 전도이자 훈련 과정이었던 것 같다. 그때는 달란트니 전도니 하는 것도 모르고 그저 회장이니까 아이들을 교회에 많이 데리고 와야겠다는 마음뿐이었다. 주님께서 나에게 전도라는 공부와 훈련을 시키신 것 같다.

그해 7월 경기도 양평으로 고등부 여름 수양회를 갔다. 강사는 훗날 덕수교회 담임목사님이 되신 당시 손인웅 강도사님이었다. 그때 '믿음으로 구원을 받는다'는 주제로 로마서를 강해했는데 '믿음으로 구원받을 수 있다'는 복음을 확고하게 전해 주셨다.

1970년은 내 인생에 매우 중요한 시기였다. 그해 3월 요한복음 3장 16절 말씀으로 구원의 은혜를 받았다면, 7월은 로마서 강해로 믿음의 은혜를 받았다. 이제 와서 보니 그때의 성경 공부가 내 믿음을 성경 말씀 위에 굳건히 서게 했고, 내 일생을 이끌어 가는 믿음의 자산이 되었다.

● 장순흥(왼쪽 네 번째) 한동대 총장이 1971년 서울 종로구 경복고등학교 교정에서 같은 반 친구들과 함께했다.

4

"신앙이 공부보다 우선"…
고3 시험 기간에도 예배

수요일, 토요일, 주일 예배는 반드시 참석
초5 때 '한국의 에너지 부족' 문제 들은 후
서울대 원자력공학과 목표로 공부해 입학

1970년대만 해도 교회 주보는 '가리방'이라는 방식으로 제작했다. 요즘이야 컴퓨터로 작업해 손쉽게 출력하지만, 그때는 등사판을 롤러로 밀어서 한 장 한 장 만들었다. 철필로 등사지 위에 글씨를 쓰고 고무 롤러에 잉크를 묻혀 등사지를 누르면 등사지 아래 있는 종이에 글씨가 새겨졌다. 매주 토요일 아이들에게 수학 문제 풀이 방법을 가르쳐 주고 같이 주보를 만들었다.

경복고 안에서도 왕성하게 전도 활동을 펼쳤다. 대표적인 전도 대상자는 한 학년 후배인 강윤식 기쁨병원 원장이었다. 강 원장은 성실하고 착했기에 눈에 띄었다.

"윤식아, 너 일요일에 뭐하니."

"네, 장 선배. 이번 주에는 특별한 일 없어요."

"그래, 그럼 나랑 덕수교회에 좀 가자."

"교회에요?"

교회 문지방을 넘어 본 적이 없는 강 원장은 착실하게 신앙생활을 했다. 얼마나 열심히 신앙생활을 했는지, 고등학교 3학년에 올라가면서 학생회장을 그에게 물려줄 정도였다. 강 원장은 훗날 서울대 의대를 졸업하고 1990년대 국내 최초로 대장 항문질환 전문병원을 개원했다. 운영난을 겪던 서울모테트합창단의 전폭적인 후원자가 되어 병원에 연습홀을 마련해 줄 정도였다. 그는 2021년 7월 한동대학교에서 개최한 세계선교사대회에도 큰 기여를 했다.

고3 때도 전도는 계속되었고 대학입시라는 커다란 인생의 터널이 있었지만, 수요예배와 토요일, 주일 고등부 예배를 위해 교회에서 보냈다. 시험 준비로 바쁜 수험생이 일주일에 3일을 교회에서 보낸 것이다.

이때는 '신앙이 공부보다 차원이 높다. 신앙 다음이 공부다'라는 확고한 신념을 가지고 있었다. 오히려 '시험이 내일인데 교회에 가야 하나. 나의 신앙은…'이라는 선택적 시험에 빠질 때 믿음의 질서가 흐트러지고 갈등이 생기게 된다. 나에게 신앙이 공부보다 우선한다는 공식이 생기고 난 후부터는 어떠한 불안감도 존재하지 않았고 갈등도 생기지 않았다.

일찌감치 대학은 서울대, 학과는 원자력공학과로 목표를 잡았다. 이유는 초등학교 5학년 때 선생님께 들었던 이야기 때문이다.

"한국은 석유, 천연가스가 전혀 나오지 않는다. 에너지가 부족하다 보니 겨울마다 사람들이 땔감을 확보하느라 산에 가서 나무를 마구잡이로 베어냈고 그만 민둥산이 되고 말았다."

이때 나는 '아, 에너지가 매우 중요한 문제이구나. 나중에 한국의 에너지 확보에 기여하는 인물이 되고 싶다.'라는 목표를 갖게 되었다.

당시 입시제도는 학력고사로 기본 학력을 인정받고 대학마다 본고사로 합격자를 가렸다. 서울대는 본고사로 국어, 영어, 수학, 과학을 봤다. 수학은 두 학년 위의 누나 숙제를 봐 주다가 실력이 부쩍 늘었기에 자신이 있었다. 영어는 교회 친구들과 영어성경으로 공부했기에 실력이 어느 정도 됐다. 과학은 원래 재미가 있었고, 국어는 독서를 좋아했기에 어느 정도 했다.

당시만 해도 경복고는 매년 300여 명을 서울대에 보냈다. 한 반에 20여 명의 합격자가 나올 정도였다. 내신의 비중이 높지 않았기에 가능했던 일이다. 의대보다 공대의 점수가 높던 시절이다 보니 전자공학과와 기계공학과, 원자력공학과의 점수가 높았다. 나는 주님이 주신 훈련을 잘 통과한 덕에 1972년 서울대 원자력공학과에 입학할 수 있었다.

servant
하나님의 사람

하인, 장흥롱

● 장순흥(오른쪽) 한동대 총장이 1977년 예수전도단에서 전도활동을 함께한 이상업 목사와 함께 야외로 향하고 있다.

5

'복음은 사느냐 죽느냐의 문제'…
학업과 복음 전도에 최선

병역면제 판정 후 토플시험·서류발급 등
미국 유학 절차 밟느라 한창 바쁠 때도
전도 여행 등 예수전도단 활동 적극 참여

당시 서울대 공과대는 서울 노원구 공릉동에 있었다. 지금의 서울과학기술대 자리다. 1972년 대학 입학 후에도 만나는 사람마다 복음을 전했다.

"하나님이 인간을 창조하셨습니다. 그런데 인간이 선악과를 먹고 죄를 짓기 시작했고 죽음에 이르게 됩니다. 그렇지만 창조주는 인간을 사랑하셔서 당신의 아들을 구세주로 보내 주셨습니다. 성경은 그분을 믿는 자마다 영생과 구원을 얻는다고 말씀하십니다. 오늘 그분을 영접할 수 있도록 도와드리고 싶습니다."

서울 덕수교회 대학부 회장을 맡으면서 학업과 복음 전도에 최선을 다했다. 청년회 회장도 맡았는데, 담당 교역자가 없어서 대신 말씀을 전하기도 했다.

복음은 사느냐 죽느냐의 문제였다. 누가 돈을 준다고 해 봤자 아주 많아야 몇백억, 몇천억 줄 수 있을 것이다. 하지만 생명은 줄 수 없었다. '그래, 이 복음을 전하는 것은 저 사람들에게 굉장히 중요한 문제다. 복음을 전하는 기회가 닿는 대로 힘써 전하자.'

나의 복음 전도 활동에 기름을 부은 사람은 서울대 1년 선배인 김영훈 대성그룹 회장이었다. 우리 부모님과 김 회장 부모님은 좋은 관계를 맺고 있었다. 평소 신앙이 좋다는 것은 알고 있었지만, 대학에서 김 회장과 동생 김성주 회장을 직접 만나 보니 깊이가 남달랐다.

"순흥아, 예수전도단 모임이 있는데 한번 가 볼래?"
"예수전도단이 뭔데요?"

당시 예수전도단은 서울 명동성당 근처 YWCA 건물 지하에서 모임을 했다. 수도권에서 모인 청년 1500여 명이 한자리에 모여 주님을 높였다.

"예수님 찬양, 예수님 찬양, 예수님 찬양합시다." "이날은 이날은 주의 지으신 주의 날일세, 기뻐하고 기뻐하고 즐거워하세." "주 예수 사랑 기쁨 내 마음속에, 내 마음속에, 내 마음속에." 1970년대 한국교회를 휩쓴 복음성가는 그곳에서 나왔다. 청년들로 꽉 찬 그곳은 정말 복음의 용광로였다. 어렴풋하게 기억이 나는데, 오정현 사랑의교회 목사도 그곳에 내수동교회 청년 리더로 참여했다.

모임의 설교는 데이비드 로스(오대원) 목사님과 예수원 설립자인 대천덕 신부가 했다. 전체 모임 리더는 현재 케냐 선교사로 활동하는 임종표 선교사님이 했다. 임 선교사님은 25세이던 1973년 한국예수전도단을 세웠다. 나보다 여섯 살 위인 임 선교사님은 복음 전도의 열정이 대단했고 일 처리에 탁월했다.

그 시절 내 인생에서 중요한 것은 누군가를 사랑하는 것과 그들을 사랑할 수 있는 능력을 갖추는 것이었다. 그리고 어떻게 하면 전공 실력을 갖출 수 있을지 진지하게 고민한 끝에 미국으로 유학을 떠나야겠다고 생각했다. 이후 병역 의무를 마쳐야 유학을 갈 수 있다는 생각에 신체검사부터 받았다. 그런데 한쪽 눈이 아주 나빠 방위 판정을 받았다. 하지만 부친이 현직 장성이라는 이유로 깐깐하게 다시 정밀검사를 받았고 오히려 병역면제 판정이 나왔다.

1976~1977년은 토플시험 준비, 서류 발급 등 미국 유학 절차를 밟느라 한창 바쁠 때였다. 하지만 전도 여행 등 예수전도단 활동에 적극 참여했다. 한 번뿐인 젊음을 주님께 드리고 싶었기 때문이다.

● 장순흥(뒷줄 오른쪽) 한동대 총장이 1977년 미국 MIT 대학원 재학 시절 보스턴한인교회에서 청년들과 함께했다. 당시 장 총장은 청년 회장으로 활동하며 복음전도에 힘썼다.

6

"한국 원자력 발전에 이바지하겠다"… 미국 유학길

걸음마 단계에 있던 한국의 원자력 발전
기술 자립 이루도록 돕고 싶은 마음에
MIT 대학원 핵공학과 지원 장학생 입학

서울대 원자력공학과에서 수업을 들으면서 늘 떠올랐던 생각이 있다. '한국은 원자력과 관련된 물리학 및 기초이론 과목은 잘 가르쳤다. 하지만 원자력 발전소 설계를 위한 공학 및 설계 관련된 경험자가 거의 전무하다.'

당시만 해도 한국은 미국 도움을 받아 원자력 발전소 시공만 하는 걸음마 단계에 있었다. 1971년부터 미국 웨스팅하우스에서 개발한 가압 경수로형 원자력 발전소를 부산 기장에 짓던 시절이다. 고리 1호기는 1978년 완공됐다. 아시아에서 두 번째, 세계에서 21번째였다.

대학에서 학년이 올라갈수록 미국의 선진적인 원자로 설계 기술을 습득해 한국이 기술 자립을 이루도록 도와야 한다는 생각이 확고해졌다. 그러던 중 미국 대학에 원서를 보내게 됐다. 그리고 예수전도단 활동을 하면서 복음을 전하는 데에도 힘썼다.

어느 날 미국에서 연락이 왔다. MIT였다. '미스터 장, 축하합니다. 당신의 입학을 허락합니다. 연구장학생 후보로 선정되었습니다.' 얼떨떨했다. 사실 MIT는 큰 기대를 하지 않은 곳이었다. 왜냐하면 7~8년간 한국인 유학생을 일절 받지 않는 분위기였기 때문이다.

당시 이란 정부가 MIT에 큰 기부를 했다는 이유로 이란 출신의 유학생들에게 기회를 주다 보니 아시아계 유학생에겐 자리가 없었다. 그런데 내가 원서를 낸 1977년 갑자기 입학 허가가 난 것이다. 게다가 장학생까지 됐다.

'아, 모든 것을 하나님께 맡기고 그분의 나라를 위해 복음 전도에 힘썼더니 이런 복을 주시는구나. 말씀대로 주님께서 정말 삶을 책임져 주시는구나.'

맨 먼저 축하해 준 분은 아버지다. "순흥아, 미국의 좋은 학교에 합격했구나. 축하한다. 지금껏 잘해 왔듯 앞으로도 잘하리라 믿는다." 아버지는 미국 유학 경험이 있기에 MIT의 명성을 익히 알고 계셨다. 어머니는 아들을 먼 타지에 보낸다는 생각을 하셨는지 기뻐하시면서도 이내 걱정이 되는 눈치였다. "어머니, 미국에 가서도 열심히 살겠습니다. 박사가 되어서 한국 원자력 발전에 기여하는 인재가 되겠습니다."

유학 준비를 마치고 그해 가을 김포공항에서 미국행 비행기에 몸을 실었다. 좌석에 앉아 안전벨트를 착용하니 유학을 간다는 게 피부로 느껴졌다. '하나님이 나에게 아주 좋은 기회를 주셨다. 미국에 가서 공부도 열심히 하고 복음전도에 힘쓰겠다.'고 이륙하는 비행기 안에서 기도로 다짐하였다.

미국 보스턴에 정착했다. 교회는 보스톤한인교회로 정하고 한국에서 하듯 전도 활동을 시작했다. 당시 한인교회에는 청년부가 없었다. 그래서 새로이 유학 온 사람들이 중심이 되어 청년부를 만들었고 나는 회장을 맡게 되었다. 대부분 유학생들이라 다들 형편이 어려웠다. 나도 넉넉한 형편은 아니었지만, 전도를 위해선 차가 필요했다. 그래서 중고로 크라이슬러 닷지 승합차를 사서 매주 6~7명을 태우고 교회로 향했다.

미국의 신앙생활도 한국과 큰 차이가 없었다. 전도를 최우선 과제로 삼고 유학생 전도에 주력했다. 매주 주말 전도에 힘쓰다 보니 공부할 시간이 많지 않았다. 그러다 보니 어느새 가장 중요한 전공필수 과목의 첫 번째 중간고사가 코앞으로 다가왔다.

● 장순흥(왼쪽) 한동대 총장이 1978년 나상천 박사와 미국 매사추세츠주 MIT 메인홀 앞에서 찰스강을 바라보고 있다.

7

시험 예상문제 모두 적중…
"완벽한 모범답안" 교수 칭찬

주일에 종일 예배드리고 유학생 돌보다
전공 필수과목 시험 공부시간 빠듯해져
나만의 문제해결 공부법으로 시간 줄여

유학 생활 역시 가장 기억에 남는 것은 복음을 전했던 일이다. "혹시 제가 성경에 대해 5분간 이야기해도 될까요. 아시다시피 미국 문화가 기독교 문화이고 성경의 문화잖아요. 인간에게 매우 중요한 책인 성경은요…." 아무리 불신자라 하더라도 성경 이야기를 짧게 해 주겠다고 하면 귀를 쫑긋 세우고 들었다.

그때는 복음 전하는 일이 '나에게 가장 큰 선물'이라는 생각을 하고 있었다. 그래서 그런지 복음을 전하는 순간이 정말 기뻤으며 행복한 마음으로 충만했다. 보스턴의 많은 유학생을 보스톤한인교회로 인도했다.

1977년 매주 전도에 힘쓰는 사이 어느새 첫 학기 전공 필수인 핵물리 과목의 시험이 돌아왔다. 주일에는 종일 예배드리고 전도한 유학생을 돌보다 보니 시간이 빠듯했다. 기숙사에 돌아오니 저녁 9시 30분이었다. 시험 범위는 300쪽이었다. 공부는 해야 하는데, 가슴이 턱 막혔다.

'하나님, 제가 주님의 영광을 위해 이곳 MIT까지 유학을 왔습니다. 그런데 시험 성적이 나쁘게 나오면 학업을 게을리한 채 미쳐서 전도만 한다고 비웃지 않겠습니까.'

기도를 마치고 책을 폈다. 그리고 내가 만약 교수님이었다면 어떤 문제를 냈을까 생각하면서 5개 문제를 만들어 봤다. 그리고 그 문제에 대한 답안을 일목요연하게 써 내려갔다. 2시간 이내에 마칠 수 있었다.

다음 날 시험시간이 됐다. 미국인 동급생들도 밤을 새운 눈치였다. 그 친구들은 워낙 체력이 좋아 며칠간 밤새우는 일은 식은 죽 먹기였다. 시험 문제를 받았다. '세상에, 내가 어제 뽑았던 5개가 거의 그대로 나왔다. 오, 주님 감사합니다.' 미리 정리했던 내용을 술술 풀어냈다. 가슴 깊은 곳에서 감사와 뿌듯함이 밀려왔다.

며칠 후 교수님이 답안지를 돌려주며 이렇게 말했다. "미스터 장,

완벽해요. 어떻게 내가 생각하는 모범답안을 그대로 적었습니까. 유학 온 지 얼마 안 돼 쉽지 않을 텐데 대단합니다." 교수님이 학생들 앞에서 추켜세우는데 감사의 기도만 나왔다.

물론 유학 생활은 고됐다. 문득 고향이 그립고 부모님과 형제자매가 그리웠다. 하지만 일시적인 감정이었다. 남의 고민을 도와주고 복음을 전하는 데 많은 시간을 할애했다. 어려움을 겪는 다른 유학생을 돕다 보면 내 고민을 할 시간도 없었다. 공부에 대한 스트레스를 줄이는 나만의 공부법이 있었기 때문이다. 비교적 단시간에 석·박사 학위를 취득할 수 있었던 것도 문제 해결 중심의 공부를 했기 때문이다.

그래서 늘 이런 질문을 던졌다. '오늘 배운 내용 중 핵심은 무엇일까. 무엇이 문제이고 그 문제를 풀려면 어떻게 해야 할까. 교수님이 시험 때 문제를 내신다면 어떤 문제를 낼까.'

일례로 역사 시간에 임진왜란을 배웠다면 단순히 사건 발생 연도와 정황만 외우는 암기식이 아니라 왜 이런 전쟁을 맞이했고 앞으로 제2의 임진왜란을 당하지 않으려면 어떻게 해야 할까 하는 나만의 대비책을 짜 봤다. 그렇게 문제 중심의 공부를 하던 1978년 1월이었다. 보스턴에 눈이 많이 온 어느 날이다.

● 장순흥(오른쪽) 한동대 총장이 1979년 11월 미국 보스톤한인교회에서 김경미(오른쪽 두 번째)씨와 결혼예배 후 기념사진을 촬영했다. 왼쪽은 당시 MIT 경영대학원에 다니던 정몽준 아산재단 이사장과 아내 김영명씨.

8

선배 전도하다 선배 여동생에게 마음
"저와 평생을…"

내 이야기 경청하는 모습에 반해 결혼
MIT 박사로 졸업 후 미국 벡텔사 입사
원자력 발전소 설계·시공 전 과정 경험

1978년 1월 MIT가 있는 미국 보스턴에는 눈이 많이 왔다. 식료품점을 찾아갔지만 음식이 모두 팔렸다. 총각 유학생들은 끼니를 해결하기 위해 이집 저집 돌아다니며 식사를 해결했다.

나는 끼니도 해결하고 전도도 할 겸 MIT 선배 집에 갔다. 저녁 시간이었는데 선배가 반갑게 맞이했다. 식사 후 곧바로 전도에 들어갔다. 선배의 여동생은 사과를 깎으면서 내 이야기를 경청했다.

당시 선배는 하나님에 대한 믿음은 있었지만, 예수 그리스도에 대한 신앙은 없었다.

"선배님, 우리 인간은 유한한 존재입니다. 하나님은 선배님을 향해 놀라운 계획을 갖고 계십니다."

"내가 믿는 하나님과 네가 믿는 하나님이 다르지 않잖아."

"그런 관념적인 하나님 말고요. 예수님을 믿지 않으면 구원을 얻을 수 없습니다."

"아유, 그런 옹졸한 하나님이라면 안 믿겠네."

밤새 깊은 이야기를 나눴다. "사람은 누구나 한 번은 죽음을 맞이합니다. 하나님은 인간을 불쌍히 여기셔서 독생자를 주셨습니다. 그분을 믿느냐, 믿지 않느냐에 따라 천국행이 결정됩니다."

선배는 구원 문제에 대해 깊은 고민을 하기 시작했다. 그런데 선배보다 내 이야기에 더 깊은 고민을 한 것은 선배의 여동생이었다. 나보다 세 살 위였다. 몇 번 만나다 보니 마음이 편안해지는 느낌이 들었다.

'이 자매가 사람을 무척 편하게 해 준다. 혹시 나와 평생 함께할 배우자는 아닐까.' 그래서 용기를 내서 프러포즈했다. "혹시 저와 평생을 같이할 수 있겠습니까."

1979년 11월 아버지는 멀리 미국까지 아들의 결혼식을 위해 직접 와 주셨다. 미국 보스톤한인교회에서 은혜로운 결혼예배를 드렸다. 신혼집은 학교 부근 아파트에 잡았다. 1981년 2월, 첫째 아들 노아를

낳았다. 그리고 그해 5월 박사학위를 받고 MIT를 졸업했다.

곧바로 미국 벡텔사에 입사했다. 벡텔사는 한국에 4개, 대만 2개, 미국 4개의 원자력 발전소를 설계·시공하는 프로젝트를 진행하고 있었다. 그곳에서 원자력 발전소 설계부터 시공까지 전체 과정을 경험했다. 현장에 나가 보니 MIT의 기술력이 기업보다 훨씬 앞서 있었다.

그때 나에겐 원자력 발전소 설립, 건설, 허가, 운전이라는 완전한 기술 자립의 원대한 꿈이 있었다. 순수 대한민국 기술로 세계에 우뚝 서겠다는 꿈을 가지고 있었다. 그래서 단순 물리학에만 머물지 않고 원자력 전체 시스템을 익히는 데 주력했다.

당시 보스턴에는 유명한 사람들이 유학 생활을 하고 있었다. 대표적으로 MIT에는 정몽준 아산재단 이사장이, 하버드대에는 도올 김용옥이 공부하고 있었다.

유명 인사뿐만 아니라 신앙적으로도 훌륭한 분들이 많았다. 예를 들어 김인수 고려대 교수님과 김수지 이화여대 교수님 부부는 정말 좋은 신앙인으로 훌륭한 인격을 가진 분들이었다. 또한 성경공부를 같이했던 유학생도 많았다. 훗날 이분들은 한국교회에 긍정적 영향을 끼쳤는데, 특히 유학생 수련회인 코스타(KOSTA) 태동에 결정적 역할을 했다.

● 장순흥(가운데) 한동대 총장이 1981년 5월 졸업가운을 입고 미국 보스턴 MIT 교정에서 아내 김경미(오른쪽)씨, 장평훈 박사와 함께했다.

9

한국서 원자력공학과 설립 소식에 사표 내고 귀국

> 28세 최연소로 카이스트 교수에 임용
> 유학 시절 믿음의 동역자들 많이 만나…
> 신앙 좋은 박사들과의 인연 삶에 큰 힘

1977년부터 1981년까지 보스턴 유학 시절 믿음의 동역자를 많이 만났다. 특히 MIT에는 믿음 좋은 한국 유학생이 많있다. 처음 보스턴에 도착했을 때 만난 분 중에 아직도 잊혀지지 않는 분들이 있다. 박사 후 과정에 있던 김인수 교수와 그의 부인 김수지 교수다.

이분들은 신실한 크리스천 리더로서 성경 공부에 열심을 다했다. 김 교수 부부와의 인연은 한국에 와서도 카이스트에서 계속됐다. 같이 공부하던 조준호 선배는 공부가 끝난 후 보스턴한인교회 장로가 되어 보스턴 교계 활동을 열심히 했다.

MIT에 온 지 1년 정도 지났을 무렵, 또 다른 믿음의 형제를 만났다. 나보다 1년 늦게 온 노희천 박사다. 노 박사 역시 인연이 카이스트까지 계속됐다. 훗날 한국에 돌아왔을 때 카이스트에서 만난 김영길, 김인수 교수, 노희천 박사는 나와 더불어 카이스트 기독 모임을 이끄는 핵심 멤버가 됐다.

특히 김영길 교수를 도와 창조과학회를 태동시켰고 한국 땅을 넘어 전 세계에 하나님께서 펼치신 창조질서를 과학적으로 변증할 수 있는 계기가 됐다. 훗날 김영길 교수와 노 박사는 온누리교회 창립과 더불어 한동대학교 개교에도 큰 역할을 했다.

보스턴으로 유학 온 장평훈 박사는 MIT 기독 유학생을 모아 성경 공부를 시작했다. 장 박사는 훗날 카이스트에서 다시 만났다. 장 박사의 주선으로 홍정길 목사님이 매년 MIT를 방문해서 성경을 가르쳐 주셨다. 이 만남은 유학생 사회에서 그 범위가 확대됐고 훗날 코스타(KOSTA · 국제복음주의 학생연합회)의 기초가 됐다.

많은 사람이 과학과 신앙을 이분법적으로 별개라고 생각한다. 하지만 훌륭한 과학자 중에는 신실한 믿음을 가진 이들이 많다. 이들은 하나님께서 창조하신 우주 질서의 위대함과 십자가를 통한 구원을 믿으며 학문과 신앙의 통합을 이루고자 노력한다. 이분들과의 만남이 한평생 과학자이자, 신앙인으로서 나의 삶에 큰 도움이 됐다.

박사 과정을 마친 후 벤텔사에서 1년간 일하는데, 고국에서 좋은 소식이 들려왔다. 서울 홍릉 카이스트에서 원자력공학과를 설립한다는 것이었다. '아, 이것이야말로 하나님이 준비해 주신 길이다.'

당시 어머님의 병환으로 걱정하던 터라 한국으로 돌아갈 수 있는 좋은 시기라 생각했다. 무엇보다도 대한민국의 원자력 기술 자립을 위한 인재 양성과 기술 개발을 시작할 수 있으리라는 기대감으로 가슴이 벅차올랐다.

카이스트에 원서를 냈다. 며칠 뒤 한국에서 교수로 채용됐다는 연락이 왔다. "오 주님, 감사합니다. 그저 주님이 기뻐하시는 일이 무엇일까를 고민하며 '먼저 하나님의 나라와 하나님의 의를 구한다'는 것을 최우선에 놓고 나머지는 부수적으로 열심히 했을 뿐인데, 이렇게 복을 주시는군요. 주님은 언제나 가장 좋은 길로 인도해 주셨습니다. 내가 주님을 위해 한 일보다 더 많이 부어 주신 주님을 찬양합니다."

벡텔에 사표를 내고 귀국 절차를 밟았다. 1982년 나는 당시 최연소로 카이스트 교수에 임용됐다. 28세의 나이였다.

● 장순흥(앞줄 가운데) 한동대 총장이 1982년 서울 홍릉 카이스트 연구실에서 원자력공학과 석사과정 학생들과 함께했다. 조원진 박사, 최종호 국제원자력기구 전문가, 백원필 차기 한국원자력학회장, 김명기 원자력기술사, 나기용 두산중공업 원자력BG장(뒷줄 왼쪽부터).

10

스물여덟에 카이스트 부임…
원자력 기술 자립에 몰두

후학 키우며 한국형 원자로 설계에 심혈
한편으론 '주님이 기뻐하시는 일' 찾다
기독학생 20~30명과 함께 전도에 나서

 카이스트는 1982년 3월 핵공학과(현재 원자력 및 양자공학과) 학생을 처음으로 뽑았다. 나는 그해 7월 귀국해 28세에 교수로 강단에 섰는데, 연구원 과정에는 나보다 나이 많은 학생도 꽤 있었다. 당시 교수는 먼저 부임하신 전문헌 교수님과 단둘이었다. 학과의 목표를 오랫동안 기도하고 준비해 온 원전 기술 자립에 두고 인재 양성과 기술 개발에 초점을 맞췄다.

 1982년 카이스트 부임 후 "무슨 연구를 해야 할 것인가?"를 두고 많이 생각했었다. 여러 연구 분야가 있었지만, 가장 중점을 둔 것이 '임계열유속'이었다. 임계열유속이라는 한 분야로 수십 명의 박사를 배출하였다. 임계열유속은 해당 분야에 굉장히 필요하고 기초적으로도 중요하다고 생각하였다. 이 연구를 꾸준히 한 결과 한국원자력학회(KNS)와 미국원자력학회(ANS)에서 각각 열수력 부문 학술상을 받게 되었다. 특히 미국원자력학회의 학술상은 받기가 굉장히 어려운 상으로 아시아 사람으로는 내가 처음 받은 것이었다. 그리하여 일찍이 미국원자력학회의 Fellow 회원이 될 수 있었다.

임계열유속이란 분야는 내가 30여 년간 카이스트에서 연구했지만 아직도 이해하지 못하는 게 많을 정도로 매우 중요하면서도 어려운 주제라고 생각한다. 한 분야를 최고의 기관에서 최고의 학생들과 30여 년간 연구하였고, 수많은 박사가 배출되었으며, 그 분야로 인해 상도 받고 훈장도 받는 영예를 얻었다. 그러나 아직도 부족한 게 많은 것을 깨달을 때마다 "우리 학문하는 사람들은 더 겸손해야 되겠구나"라고 생각한다. 다만 우리 연구실이 국내 임계열유속 연구의 기반을 닦았고, 많은 졸업생들이 실제적인 임계열유속 문제를 찾아내고 해결하는 데 상당한 기여를 했다는 데에는 자부심을 갖고 있다.

그리고 나는 원전 설계 수업을 맡았는데 한국형 원자로 설계에 심혈을 기울였다. 이를 위해선 원자력 기계공학, 원자력 전기공학, 원자력 화학공학이 바로 서야 했다. 특히 원자력 안전도 중요했다. 그래서 안전 규제에도 굉장히 신경 썼다. 원자력 안전교육과 연구를 통해 설계 인력과 규제 인력을 동시에 양성하는 그런 연구실이 되어야겠다고 결심했다. 그때부터 연구원들과 함께 한국형 경수로를 설계하기 시작했다.

카이스트에 부임한 이후 몇 가지 중요한 일이 있었다. 먼저 꼭 이야기하고 싶은 것은 참 좋은 분들을 많이 만났다는 것이다. 특히 그 당시 원로분들이 나를 아껴 주셨는데, 내 이야기에 귀 기울여 주시고 많은 이해와 도움을 주셨다. 그분들 중 특별히 고마움을 전하고 싶은 두 분이 계시다. 두 분다 이미 돌아가셨지만 원자력 기술 자립과 함께 영원히 기억되실 분들이다. 바로 존경하는 고 한필순 센터장님과 이상훈 원장님이시다.

당시 한필순 한국에너지연구소 대덕공학센터장과 자주 대화를 나눴다. 한 센터장은 이북 출신으로 공군사관학교와 서울대 문리과를 졸업하고 미국 일리노이대 석사, 캘리포니아대 박사를 거쳐 1970년대부터 국방과학연구소에서 무기 국산화 사업에 참여했던 석학이다.

그분은 내가 카이스트에 부임하던 해에 한국원자력연구소의 전신인 한국에너지연구소에 부임했다. 원자력 전문가는 아니었지만 기술 자립에 대한 의지가 굉장히 강했다. 가끔 내 수업을 청강도 하고 수업을 마친 뒤 점심을 함께 하며 대화도 많이 나눴다.

"센터장님, 한국이 강대국이 되려면 반드시 원전 기술 자립을 이뤄야 합니다. 우리 기술로 원자력 발전소를 만들 수 있어야 합니다."

"장 교수님, 어떻게 그 젊은 나이에 원자력 기술 자립의 중요성을 깨달았습니까. 어떻게 하면 되겠소?"

"노심 계통 설계와 핵연료 설계만 잘하면 한국은 자립할 수 있습니다. 제가 보기엔 원자로 계통 설계나 핵연료 설계를 할 수 있는 곳은 한국에너지연구소뿐입니다."

한 센터장은 내 말에 귀를 기울여 줬다. 당시 한국에너지연구소가 원자력 발전소 개발 사업을 벌이는 것에 대하여 주변의 반대가 컸다. 산업부와 한국전력은 기술 자립의 길보다는 미국 웨스팅하우스사와 의존적 관계에 머무는 것을 선호하는 눈치였다.

내 말에 귀를 기울여 준 한 센터장은 반대를 무릅쓰고 원자로 계통 설계와 핵연료, 노심 설계 기술 개발 사업을 수주했다. 나의 말을 주의 깊게 경청한 한필순 박사님의 강력한 리더십이 원자력 자립의 발판을 이루게 된 것이라 해도 과언이 아니다. 나도 기술 자문을 통해 귀국 전부터 꿈꾸던 원전 설계 기술 자립을 위해 힘껏 도왔다.

당시는 국내 원자력공학과에서 배출하는 박사가 5명밖에 되지 않던 시절이다. 카이스트는 1년에 10명씩 박사 과정을 선발했으니, 원자력 분야의 많은 인재가 카이스트로 몰리는 것은 당연한 일이었다. 카이스트에서 원자력 발전소 건설의 기술 자립에 힘쓰면서도 주님이 기뻐하시는 일이 무엇일까 늘 고민했다. 정답은 간단했다. 지식을 전달하는 교수뿐만 아니라 복음을 전하고 실천하는 복음 전도자가 되는 것이었다.

1990년 카이스트가 대전으로 이전한 후에는 매주 금요일 기독 학생 20~30여 명과 함께 대전역을 나갔다. 전도지와 도시락을 나눠주며 복음을 전했다. 교수가 가자고 하니 할 수 없이 따라간 학생들도 있었겠지만 모두 열심히 복음을 전했다. 2001년부터 카이스트 보직을 맡으면서 직접 대전역에 나가는 시간을 마련하기 어려워졌다.

● 장순흥(앞줄 왼쪽 다섯 번째) 한동대 총장이 1983년 서울 근교에서 카이스트 원자력공학과 학과 창설 교수인 전문헌(앞줄 왼쪽 여섯 번째) 교수, 석사과정 학생들과 야유회를 갖고 기념 사진을 촬영했다.

11

미국서 배운 원전 기술, 석박사 과정 수업에 녹여내

이후 졸업한 학생들 한전에서 크게 활약
틈틈이 꽃동네 전산시스템 설치 돕고
전도 현장 누비다 나만의 전도법도 고안

그때 열심히 복음을 전하며 만났던 과학자가 있었다. 원자력안전기술원 초대 원장이셨던 이상훈 박사님이었다. 이상훈 박사님은 내가 존경하고 감사하는 분이시자, 국내 원자력 안전 규제의 기틀을 놓은 분이시다. 한국은 원자력 발전소 영광 3, 4호기(현 한빛 3, 4호기) 건설을 계기로 원전 설계, 제작, 건설 기술에서 자립했다. 안전 규제 수준도 국제적이었다. 이때 원자력 안전 규제 기준을 만들다시피 한 분이 이 박사님이었다.

카이스트 원자력공학과 교수로 있을 때 나는 매주 월요일 오후면 이 박사님을 만났다. 그는 원자력의 생산 및 이용에 따른 재해로부터 안전을 유지하기 위해 1990년 설립된 원자력 안전 규제 전문기관의 수장이었다.

"장 교수님, 노심 설계에서 이 방법은 어떻게 하면 될까요."
"아, 박사님 그것은 냉각재 상실사고 해석부터 처리하고 가야 합니다."

이 박사님은 나와 나이가 스무 살가량 차이 났지만 늘 깍듯이 대해 주었다. 그리고 원자력 안전 규제 및 전반에 관하여 많은 대화를 나누었다.

나는 MIT와 미국 벡텔사에서 습득한 원전 설계 기술의 핵심을 카이스트 석박사 과정 수업에 녹여 냈다. 특히 원자력 기술 자립의 원년 멤버라 할 수 있는 고 한필순 박사님과 이상훈 원장님에게 강조했던 노심 설계, 원자로 계통 설계, 핵연료 설계 방법의 깊이 있는 이야기도 수업 시간에 그대로 전수했다.

카이스트를 졸업한 학생들은 한국전력에 가면 얼마 지나지 않아 바로 간부가 되는 제도가 있었다. 한전이 카이스트에 매우 우호적이었는데, 이런 분위기가 기술 자립에 큰 도움이 되었다고 생각한다. 또한 카이스트에 연구소 연구원들을 위한 연구원 석박사 과정도 생겼다. 어느 해는 카이스트에서 배출한 원자력 박사 수가 그때까지 한국에서 나온 원자력 박사의 총 수와 같을 때도 있었다.

카이스트 석박사 과정이 성공했던 이유는 노심 설계나 원자로 계통 설계의 주역이 모두 연구원 과정생이었다는 것이다. 학교에서 문제 중심 프로젝트 수업을 통해 배우고 연구한 것이 현장에서 팀워크로 그대로 이어진 것이다.

연구원 과정 수업과 관련하여 나는 프로젝트 수업을 많이 했다. 그게 아주 바람직한 수업이었고 의미가 컸다고 본다. 특히 연구원 과정 수업을 사업, 즉 설계하는 인력들과 안전 규제를 담당하는 인력들이 함께 수강했기 때문에, 수업 시간에 허심탄회하게 논의할 수 있는 기회가 많이 만들어졌다.

이러한 소중했던 시간들 속에서 머리를 맞대고 함께 고민함으로써 올바른 방향의 기술 개발이 이루어졌고, 안전 규제 실력도 수준급이 될 수 있었다고 생각한다. 가만히 돌이켜 보니 그때는 가르치는 사람이나 배우는 사람이나 우리 대한민국 원자력 기술 자립과 미래라는 공동 목표로 하나가 되었던 것 같다. 그러기에 물질적 어려움은 있었을지라도 심리적 어려움은 크게 없었던 것 같다. 그저 모든 게 주님이 함께하시고 허락하신 감사와 그리움의 시간들이다.

1982년 귀국하고 큰 보람을 느꼈던 일도 있었다. 1984년 충북 음성의 꽃동네 회장인 오웅진 신부를 만났는데, 그때만 해도 음성 꽃동네는 지금에 비해 아주 작은 곳이었다. 신부와 수녀들이 행려환자를 너무 정성껏 보살펴 주고 있었다. 너무나 아름다운 모습에 깊은 감동을 받은 나는, "제가 한국에 온 지 얼마 되지 않았지만, 도와드리고 싶습니다"고 제안했다. 그러자 100만 명의 회원을 관리할 수 있는 전산시스템을 설치해 달라고 요청하였다. "장 교수님, 우리 꽃동네가 후원회원을 관리하는 데 큰 어려움을 겪고 있습니다. 전산시스템을 좀 설치할 수 있겠습니까." 나는 멋도 모르고 의미 있는 일이라 생각해 "알겠습니다" 하고 덜컥 약속했다.

지금 생각하면 무엇을 믿고 그랬는지 모르겠다. 시스템을 개발하는 데 막대한 비용과 인력이 필요하다는 것을 그때 깨달았다. 그러나 무슨 일이든 하나님이 함께하시면 가능하다는 믿음이 있었다.

설치에 필요한 큰 금액을 도와줄 후원자가 필요했다. 몇 개 컴퓨터 회사를 다니면서 견적을 받았을 때 가장 저렴하게 나온 것이 30억 원이었다. 이후 우여곡절 끝에 최종적으로 현대전자 정몽헌 회장이 회사 홍보 차원에서 컴퓨터 서버 프린터를 아주 싼 가격에 설치해 주었다. 그것도 전산 시스템 설치 후 회비가 들어오면 천천히 내는 조건이었다. 주님께서 하신 일이었다.

교육자로서뿐만 아니라 주님이 인도하시는 전도 현장을 누비다가 2000년 초에 드디어 나만의 전도법을 고안했다. 성경을 5분 이내에 요약해 주는 '5C 전도법'이었는데, 매우 효과적이었다.

● 장순흥 한동대 총장이 1994년 한국원자력학회가 개최한 공개토론회에서 원자력 발전을 위한 장기계획을 발표하고 있다.

12

'5C 전도법' 개발…
믿지 않는 이들에 확실한 복음 전달

**성경의 가치와 중요성 대부분 잘 알아
5분 이내로 성경 요약해 알려준다 하면
가벼운 마음으로 귀 기울이고 들어줘**

1990년대 바쁜 일과 속에서도 대전역 전도는 계속됐다. 그때 길거리 전도는 복음을 전한다는 기쁨도 있었지만, 다양한 상황에 대처하는 훈련과 내공, 영적·심리적 공격 등이 있었다. 어떤 공격에도 견딜 수 있는 맷집을 얻게 되는 중요한 시간이었다.

거리 전도도 필요하지만 결실은 관계 전도를 할 때 나타났다. '어떻게 하면 하나님을 믿지 않는 이들에게 복음을 5분 이내에 확실히 전할 수 있을까.' 그래서 나만의 '5C 전도법'을 개발했다. 요즘처럼 분주하고 바쁜 일들이 많은 사람들은 장황하고 길면 쉽게 지루해하고, 지치거나 자리를 피하려고 한다. 그러나 대부분 사람들이 교회는 다니지 않아도 성경의 가치와 중요성에 대해서는 잘 알기에 5분 이내로 성경을 요약해서 알려 준다고 하면 가벼운 마음으로 귀를 기울였다. 5C 방법은 성경을 구약에서부터 신약까지 요약하는 것이다. 구약은 두 부분으로, 신약은 세 부분으로 해서 다섯 부분으로, 그러니까 창세기부터 요한계시록까지 다섯 토막을 내서 짧게 요약하는 것이다.

"첫 번째 C는 창조(Creation)입니다. 창세기에 보면 하나님께서는 6일 동안 천지를 창조하셨습니다. 세상 만물을 창조하시고 마지막에 하나님 형상을 닮은 인간, 아담과 하와를 창조하셨습니다.

두 번째 C는 죄(Crime), 타락(Corruption)입니다. 하나님께서는 본인의 형상대로 창조하신 아담과 하와에게 선악과를 따 먹지 말라고 했는데, 인간은 뱀의 꾀에 넘어가 선악과를 먹는 죄를 짓습니다. 하나님께서는 그래도 인간을 널리 사랑하셔서 십계명과 선지자를 보내시지만, 인간은 계속해서 죄를 짓습니다. 결국 구약에서 메시아를 보내겠다고 예언하십니다.

세 번째 C는 예수 그리스도(Christ)입니다. 신약을 보면 예수님은 우리 죄를 사하기 위해 구세주로 오셔서 십자가에 못 박혀 돌아가셨습니다. 이후 3일 만에 부활하셔서 하나님 우편으로 승천하시는 놀라운 기적을 보게 됩니다. 특히 요한복음 3장 16절은 예수 그리스도가 인간의 몸으로 오신 하나님이시며, 우리의 죄를 사하시려 십자가에 못 박혀 돌아가심으로 우리를 구원하셨다는 복음의 핵심을 전하고 있습니다.

네 번째 C는 교회(Church)입니다. 사도행전은 교회가 시작되고 확장되는 이야기를 다루고 있습니다. 예수님이 부활하셔서 마지막에 제자들에게 예루살렘에 머무르라고 말씀하셨습니다. 이때 성령이 임해서 교회가 생겼는데 교회가 확장됨으로써 로마까지 예수 그리스도의 복음이 전해집니다.

마지막 C는 완결(Completion)입니다. 요한계시록에 보면 결국 세상의 완결이 이루어지는데 이는 예수 그리스도께서 다시 이 세상에 오심으로 인해 완결됩니다. 그때 새 하늘과 새 땅, 즉 천국이 오게 됩니다."

1980년대는 원자력연구원과 한전 간 관계가 그리 좋지 않았던 시기다. 원자력연구원은 과학기술부(현 과학기술정보통신부), 한전은 동력자원부(현 산업통상자원부) 소속이었기 때문에 양쪽 기관을 설득하는 게 쉽지 않았다. 나보다 늦게 카이스트 원자력공학과에 부임한 윤용구, 이병휘 교수님이 양쪽 부처를 설득하는 데 큰 도움을 주었다. 전문헌 교수님도 학과 창립과 초기 운영 방향에 큰 공헌을 했다.

연구원 과정 수업에는 프로젝트 수업이 많았는데 원자력 발전소를 설계하는 인력과 안전 규제를 하는 인력이 함께 수강했다. 그래서 수업시간에 서로 허심탄회하게 논의하는 시간이 많아졌고, 그것이 바른 방향으로 기술을 개발하고 안전 규제 실력도 높이는 계기가 됐다. 이러한 과정에서 그 당시 가장 기억에 남는 것은 한국 원자력발전소 설계에 '장스 밸브' 안전감압장치를 적용한 것이었다.

하인, servant
하나님의 사람
장논흥

● 장순흥(왼쪽 세 번째) 한동대 총장이 1999년 오스트리아 빈 국제원자력기구(IAEA) 본부에서 열린 국제원자력안전자문단(INSAG) 회의에 전문위원으로 참석했다.

13

내 이름 딴 '장스 밸브' 설치로
원전 기술 자립 성공

원전 시공 전 안전성에 결정적 문제 발견
한국 기술력 소개하며 미 CE와 한전 설득
완공 2년 앞두고 '설계 변경' 답변 받아내

미국 유학을 마치고 1982년 미국 벡텔사에서 근무할 때 웨스팅하우스의 '스리 루프'(3-loop)형 원자력 발전소를 경험했다. 반면 한국의 원전 기술 자립 대상 사업은 미국 CE사의 시스템80이었다. 1300MW급 원전을 1000MW로 줄여 한국에 가져오기로 했다. 원전 시공을 하려면 반드시 확률론적 안전성 평가라는 것을 해야 한다. 이것은 사고 전개 시나리오를 분석해서 위험도를 정량적으로 분석하는 안전성 평가 방법이다.

'어떻게 하면 원자력 발전소의 중대 사고를 줄일 수 있을까. 만일 사고가 발생한다면 그 결과는 어떻게 완화할 수 있을까.' 이런 관점에서 시스템80 원전을 분석했다. 그 결과 원전이 여러 가지 장점이 있었지만, 원자로 계통의 압력을 낮추는 안전감압장치가 없다는 결정적 문제를 발견했다.

안전감압장치는 원자로와 냉각계통의 압력을 낮춰 과압의 위험으로부터 보호하고 냉각수가 원활하게 투입되도록 돕는 장치이다. 카이스트 원자력공학과 석박사 과정 학생들과 원전설계 수업을 하면서도 시스템80 원전을 놓고 토론 수업을 할 때 이 문제가 가장 큰 결점으로 나타났다.

"교수님, 시스템80에서 안전감압장치가 없으면 원자로 냉각계통이 고압 상태가 됩니다. 그러면 원자로 용기에 균열이 생겨 노심용융물이 격납건물 내로 분사되는 현상이 발생합니다. 이렇게 되면 격납건물의 온도와 압력이 급격하게 상승해 건물 손상이 생깁니다."
"여러분이 시스템80의 문제를 잘 봤습니다."

그러나 시스템80의 문제를 찾아내는 것보다 더 큰 문제는 CE사와 한전을 설득하는 게 힘들다는 것이었다. "미국에서 원전을 설치할 때도 안전감압장치를 설치하지 않습니다. 그런데 미국에서도 하지 않는 장치를 유독 한국에서 해야 하는 이유가 뭡니까." "추가 비용이 발생하기 때문에 어렵습니다."라며 반대했다. 그러나 나는 안전성을 더 높이기 위해서는 압력을 낮추는 감압장치가 반드시 필요하다고 주장하며 '안전감압장치'를 놓고 3~4년간 힘겨루기를 벌였다.

"저는 미국 MIT에서 액체금속로의 안전성 평가로 박사 학위를 받았습니다. 한국에는 나와 같은 원자력 전문가가 많습니다. 한국의 원자력 기술력은 이미 상당한 수준에 올라섰습니다. 내가 보기엔 영광 3, 4호기(현 한빛 3, 4호기) 설계는 당신들의 실력과 대등하다고 봅니다."

물러설 수 없었다. 안전은 원자력 발전의 최우선 가치였다. 원자력연구원과 CE 관계자를 만나 설득하고 토론회도 열었다. 나는 학계와 당시 동력자원부에 문제 제기를 계속했다. 결국 발전소 완공 2년을 앞두고 CE사에서 답변이 왔다. "프로페서 장, 당신의 뜻대로 설계를 변경하겠습니다." "오, 하나님 감사합니다."

1995년쯤 영광 3, 4호기가 완공됐고 원자력 발전소 기술 자립을 이뤘다. 한전에서 "우리가 참조했던 시스템80보다 중대 사고가 일어날 확률을 10분의 1로 줄였다"고 홍보했다. 지금도 그 장치는 내 이름을 따서 '장스 밸브'(Chang's valve)로 불리고 있다.

학회에 이런 사실이 알려지고 한국 원자력 산업의 위상이 많이 높아졌다. 나는 1992년 국제원자력기구(IAEA)의 국제원자력안전자문단(INSAG, International Nuclear Safety Advisory Group) 위원으로 위촉되어 1999년까지 한국과 오스트리아를 오가며 국제 사회에 한국 원자력의 위상을 높이려 노력하였다.

● 장순흥(왼쪽 두 번째) 한동대 총장이 2007년 카이스트선교회 임원과 함께했다. 장갑덕 카이스트교회 목사, 장 총장, 고정훈 루미컴 대표, 이용훈 UNIST 총장, 노시경 카이스트선교회 간사(왼쪽부터).

14

카이스트 교회 · 선교 사역 맡아
많은 기독 교수 배출

학교 이전으로 대전에서 신앙생활 하게 돼
소수로 시작한 카이스트 기도회 크게 부흥
교회 출신 졸업생들 전국적으로 퍼져나가

1991년 카이스트가 서울 홍릉에서 대전 대덕으로 이전하면서 나 역시 서울 덕수교회를 떠나게 됐다. 당시는 교회가 사회봉사관을 건립하고 3부 예배를 신설하는 등 부흥하고 있었다.

"손인웅 목사님, 학교가 대전으로 이전하면서 부득이하게 그곳에서 신앙생활을 하게 됐습니다."
"저런, 덕수교회에 꼭 필요한 분이신데 아쉽습니다. 장 교수님."

대전에서 첫 신앙생활을 한 곳은 한밭교회였다. 고 김덕복 목사님이 담임목사로 시무하시던 교회였다. 김 목사님은 원래 오스트리아

비엔나 한인교회를 담임했다. 그러다 대전으로 옮기게 됐다. 김 목사님과의 인연은 내가 국제원자력기구(IAEA) 업무 때문에 오스트리아 빈을 자주 방문하면서 시작되었다.

1995년에 김동명 목사님과 '죽으면 죽으리라'의 저자 안의숙 사모님이 대전 대덕연구단지에 교회를 개척했다. 나는 김 목사님의 강력한 권고로 당시 목사님이 이끌던 성경 공부에 참석했다. 목사님은 하나님의 심정, 돌아온 탕자, 용서받은 탕자의 자세 등을 강조했다. 그 당시 목사님과 함께한 성경 공부를 통해 많은 은혜를 받았다. 마침내 김 목사님이 마지막으로 개척한 새누리교회에 출석하게 되었다.

또한 케냐 선교사로 떠난 임종표 목사님을 뒤이어 카이스트교회를 헌신적으로 섬긴 장갑덕 담임목사님과 함께 교회 지도 교수로 섬기게 됐다. 1990년대에는 카이스트교회에서 함께 사역하던 존경하는 두 분의 교수님께서 각각 다른 학교로 떠나셨다. 김인수 교수님은 고려대로, 김영길 총장님은 한동대로 떠나시게 됐다. 두 분의 거목이 떠난 뒤 나는 카이스트교회와 카이스트 선교 사역에 관련된 많은 일을 맡게 되었다.

카이스트교회 기도회는 1990년대부터 시작했다. 처음에는 소수의 인원만 모였는데 2000년 이후 많은 이들이 참석했다. 당시 100명 가까운 교수님이 후원해 주실 정도로 부흥했다. 특히 이용훈 교수님(현

UNIST 총장) 등이 기도회, 선교회의 훌륭한 동역자로 섬겨 주셨다. 지금도 카이스트선교회는 많은 선교사를 배출하고 후원하고 있다. 또 카이스트교회 출신의 많은 카이스트 졸업생이 졸업 후 전국적으로 퍼져 나가면서 많은 기독 교수들이 배출됐다. 현재 한동대에도 카이스트교회 출신 교수들이 다수 재직하고 있다.

한국형 경수로는 1990년대 중반에 완성됐다. 차세대 한국형 경수로(APR1400) 사업이 1992년 시작돼 2002년 완성되고 표준설계인가가 마무리됐다. 2009년 UAE에 수출했던 그 유명한 원전이 바로 이 노형이다. 나는 이 사업에 처음부터 끝까지 참여했다. 특히 개념설계와 표준설계인가에 관여했다.

1992년부터 10여 년간 APR1400을 개발하는 과정에서 참 의의가 있었던 것이 설계인증(표준설계인가) 제도였다. 1997년부터 5년 주기로 수립되고 있는 원자력진흥종합계획의 1, 2, 3차 계획을 수립할 때 책임자 역할을 했는데 1차 계획에서 역점을 둔 것이 원자력안전위원회 설치와 표준설계인가 제도 도입이었다. 오늘날의 APR1400이 있기까지는 표준설계인가 제도가 굉장히 중요했다고 본다.

1990년대 초반에 차세대 원자로인 APR1400을 개발할 때는 한전의 최영상 선생이 이끈 차세대 원자로 팀이 중심이 되어 설계를 하고 있었지만 인증에 대한 계획이 확실하지 않았다. 아무런 인증이 없는 설계 자료는 그냥 종이에 불과한 것이었다. 그냥 종이 보고서라고 여겨졌다. 그러나 2001년 마침내 표준설계인가 제도가 생겼고, 약 1년의 집중적인 심사를 거쳐 2002년에 표준설계인가가 발급되었다. APR1400이 표준설계인가를 받은 것이다. 이 과정에서 원자력안전기술원의 김현군 박사가 큰 수고를 해 주었다.

표준설계인가를 발판으로 예비안전성분석보고서(PSAR), 최종안전성분석보고서(FSAR), 환경영향평가서 등을 제출하여 허가를 받음으로써 최초의 APR1400 원전인 신고리 3, 4호기가 건설되고 또 UAE 수출로도 이어진 것이다. 세계적으로 수많은 개념설계가 있지만, 설계가 진정으로 가치 있으려면 인증을 받아야 한다. 이렇게 표준설계인가는 굉장히 중요했고, 표준설계인가가 되게 만든 것은 아주 잘했다고 늘 뿌듯하게 생각하고 있다. 이러한 작은 기쁨들이 그저 나에게는 최고의 보상이었다.

APR1400 사업이 마무리돼 갈 때 학교에서 이런 제안이 들어왔다. "장 교수님, 카이스트 발전을 위해 헌신하지 않겠습니까. 원자력 발전소를 궤도에 올려놓은 추진력이면 학교 경영도 충분히 가능합니다."

그래서 2001년부터 카이스트의 행정 보직을 맡게 됐다. 처음 보직을 맡게 된 2001년은 노조의 파업으로 거의 무정부 상태 같았다. 그해 6월 부임한 고 홍창선 총장님은 이 난관을 극복하는데 온 힘을 다했으며, 그때 홍 총장님의 부탁으로 기획처장을 맡아 카이스트 재도약의 기반을 위해 뛰어들었다.

2006년부터 교학부총장직을 맡았던 나는 이광형 교무처장(현 카이스트 총장)과 10년 동안 콤비 플레이를 벌이며 카이스트 재도약의 기반을 다지게 되었다.

자칫 주저앉을 것 같은 위기의 2000년이었지만 2010년까지 10년간 비약적인 발전의 기반을 마련하게 되었으며 위기가 있었기에 획기적이고 과감한 개혁이 가능했다고 생각한다. 위기는 곧 기회라는 말이 현실이 된 것이다. 10년간 기획처장, 교무처장, 대외부총장, 교학부총장 등을 맡으며 카이스트와 한국 대학 사회 혁신이라는 새로운 사명에 최선을 다했다고 자부한다. 카이스트 10년의 재도약을 이룬 큰 변화 중 하나는 나노팹의 유치와 의과대학의 설립이었다.

● 장순흥(오른쪽 다섯 번째) 한동대 총장이 2006년 7월 서남표(오른쪽 일곱 번째) 카이스트 총장의 취임식에 참석했다. 단상에서 노벨물리학상을 수상했던 로버트 러플린 총장이 이임사를 밝히고 있다.

15

연공서열 버린 '테뉴어 제도'…
교육의 질·성과 높여

미 유수대학처럼 최고 교수진 확보 위해
서열 관행 따르지 않고 심사 강화하자
좋은 교수 많아지고 예산도 7배 급성장

47세이던 2001년부터 카이스트 기획처장을 시작으로 학교 주요 보직을 맡았다. 당시 홍창선 총장님이 재직 중이었는데 본격적인 나노 시대가 대두되었다. 2001년 즈음에는 나노 분야의 중요성이 전 세계적으로 증대되고 있는데도 학교에는 나노에 관한 실험실이 하나도 없었다. 정부에서는 2002년에 나노에 관한 종합적인 연구센터인 '나노팹(나노종합기술원) 센터'를 만들겠다고 하였고, 전 대학과 전 도시가 나노팹 센터의 유치를 위해 컨소시엄을 구성했다. 카이스트도 대전광역시와 컨소시엄을 구성하였다. 쉽지 않은 길이었다. 당시 정부는 "수도권과 같이 해야 하지 않겠느냐"는 논리를 내세웠다. 그러나 나는 하나도 제대로 설치하기 어려운 나노팹을 둘로 나누면 모든 장비가 절반으로 줄어든다고 반박하였다. 또한 김대중 대통령의 과학기술자문위원을 지내기도 했던 나는 김 대통령의 스타일과도 맞지 않는 방법이라며 분할 유치를 끝까지 거부하였다. 결국 치열한 경쟁 끝에 카이스트가 나노팹 선정기관이 되었다.

또한 정문술 선생의 기부를 통해 바이오시스템학과(현 바이오 뇌공학과)를 설립해 바이오와 IT를 처음으로 융합한 학과를 만들었다. 나노팹 유치와 정문술 회장님의 300억 기부가 맞물리면서, 카이스트가 당시의 굉장히 힘들고 우울했던 상황에서 벗어나 희망과 비전을 갖고 미래를 향해 날아갈 수 있는 계기가 되었으며, "야, 이게 되는구나."라는 자신감을 갖게 되었다. 지금은 카이스트가 국내 나노 분야의 선두주자가 되었다.

2004년 6월에는 의과학대학원을 유치했고, 2006년 3월에 의과학대학원생 입학 및 2006년 12월 병역법 개정(안) 국회 본회의 통과로 전문의 의무사관 후보생이 진학 시 병력특례가 적용되었다. 고 노무현 대통령이 후보 시절 카이스트를 방문했을 때 "카이스트에 의과대학이 필요하다"고 하니 "당선되면 도와주겠다"고 약속했고, 대통령이 된 후 그 약속을 지켜 카이스트 의과학대학원 설치에 적극 지원해 주었다. 의과대학의 역할은 연구를 원하는 의사들을 뽑아서 의학 분야에서 새로운 것을 발견하고 발명하는 연구 능력을 향상시키는 것이었다.

2004년부터 2010년까지 외국 국적의 총장을 두 분 모시면서 대외부총장과 교학부총장으로 일했다. 미국 스탠퍼드대 출신의 로버트 러플린 총장 때는 글로벌라이제이션(Globalization) 프로젝트를 유치했다. 유치하기 힘든 예산이었지만 과학기술부와 기획재정부하고 협의를 이루어 나갔으며 이를 통해 카이스트는 연간 200억 원씩 5년간 총 1000억 원의 국고를 유치했다. 이 사업을 통해 교수의 테뉴어(정년 보장) 제도 강화, 영어 강의 강화, 건물 개보수까지 했다. 학교가 아주 좋아졌으며 2006년 서남표 총장 부임 후 굉장히 유용하게 쓰였다.

후임 서남표 총장도 개혁 사업에 앞장섰다. MIT 출신의 서 총장은 카이스트뿐만 아니라 대한민국 교육에 큰 개혁을 이뤘다. 일부에서는 서 총장의 강력한 개혁 정책에 대한 비판도 있었지만, 돌이켜 보면 그분 이후 대학 교육의 질이 훨씬 높아졌다는 평가가 많다.

특히 가장 힘들고 기도도 많이 했던 과업은 교원 테뉴어 및 혁신적인 교원 임용 시스템이었다. 반대도 심했고 갈등도 컸기에 스트레스가 많았다. 그러나 세계 정상급 대학은 이미 최고의 교수진 확보를 위해 테뉴어 심사를 강화하고 있었다. 미국 하버드대는 상위 20%만, 스탠퍼드대는 20~30%만 테뉴어를 보장했다. 반면 한국은 연공서열에 따른 혜택 관행 때문에 심사 통과율이 100%에 육박했다.

우리나라에는 없는 개념을 카이스트에 적용하기 위해 서남표 총장,

교학부총장이었던 나와 이광형 교무처장은 정말 소통을 많이 하였다. 2007년 테뉴어 제도를 시행했는데, 한 번은 심사 대상자의 3분의 1을 재계약하지 않은 때도 있었다. 재계약을 못 한 교수들은 다른 대학으로 추천하거나 초빙교수를 맡기는 등 후속 조치에 신경 썼다. 그때의 선택이 옳았음을 증명하듯 교수님들 교육의 질과 성과는 상승하였고 훌륭하신 교수님들이 더 많이 임용되었다.

당시 교수가 400여 명이었다. 서 총장은 늘 "학과 교수 정원을 없앨 테니 좋은 후보가 있으면 다 올리라"고 했다.

"장 부총장님, 좋은 교수를 뽑으면 연구비를 많이 벌어 옵니다. 재정적으로 걱정이 없을 것입니다."

"맞습니다. 사람만 좋으면 걱정할 일이 없습니다. 교수는 돈을 벌어 오는 사람이지 돈을 쓰는 사람이 아닙니다. 교수는 오히려 자산입니다."

나와 그의 예상은 적중했다. 그 후 교수 자원이 600명으로 늘어났다.

내가 처음 보직을 맡은 2001년만 해도 카이스트의 예산이 1000억 원이었지만, 2010년엔 7000억 원에 육박했다. 양적으로 10년 사이에 7배 성장을 이룬 것이다.

외국 학자였던 총장들은 한국의 고등학생, 특히 고3 학생들이 너무

나도 불행해 보인다고 했다.

"장 부총장님, 한국 학생들은 온종일 학교 교육을 받고도 학원 수업에 과외까지 받고 새벽 2~3시 지쳐서 잠들더군요. 부총장님이 직접 대학 입시 제도를 개혁해 보십시오. 이건 너무 야만적입니다. 입시제도를 바꿔야 합니다."

"성적 위주의 수업 방식보다는 학교 수업을 병행하면서 건강하고 좋은 인성을 길러내는 전인교육을 해 봅시다."

그렇게 대학 입시 개혁을 담당하게 되었고, 그때 탄생한 것이 바로 입학사정관 제도였다.

● 장순흥(가운데) 한동대 총장이 2007년 4월 카이스트 교학부총장 시절 입시제도 개선 관련 기자간담회에서 발언하고 있다. 장 총장 왼편은 이광형 당시 교무처장으로 현재 카이스트 총장을 맡고 있다.

16

입학사정관 전형 고안해
한국의 교육환경 바꿔놔

수능에만 목숨 거는 주입식 교육서 탈피
자기 주도 학습과 창의력·잠재력을 평가
일반고 확대 적용, 현 수시 제도의 근간

2005년부터 나는 카이스트 교학부총장으로 로버트 러플린, 서남표 총장이 강조하던 대학 입시 개혁을 총괄했다. 대학수학능력시험 같은 천편일률적인 입시 제도에선 희망을 발견할 수 없다고 봤다. 그래서 다양한 학교 활동과 인성, 수행 과제 등을 평가하는 학교생활기록부를 살펴보는 입학사정관 전형을 고안해 2007년부터 카이스트에서 시행했다. 이것이 오늘날 수시 입시제도의 뿌리라 할 수 있다.

그 당시 고등학생은 대학입시의 절대적인 지표인 수능에만 목숨을 걸었다. 그렇다 보니 학교에서 오후 6시가 되어도 집에 못 가고 야간 자율학습에 학원까지 다녔다. 학생은 학생대로 시험을 잘 보기 위해

과도한 주입식 교육을 받느라 힘들어했다. 학부모는 학부모대로 과도한 사교육비를 감당해야 했다.

'이러한 악순환의 고리를 끊어 내려면 학원을 통해 시험 점수를 받는 현실을 과감히 바꿔야 한다. 카이스트가 앞장서 학교 수업에 충실하고 자기 주도 학습 능력이 있는 학생을 선발한다면 파급력을 미칠 것이다.'

그래서 입학사정관제를 과학고부터 적용했다. 전국의 과학고 교장을 초청해 일찍 마치는 학교, 자기 주도 학습을 강조했다. 운동, 독서, 인성, 체력 교육의 중요성을 강조했다. 그래서 학교생활기록부, 수능시험, 대학별 고사라는 성적 중심의 획일적 학생 선발 체계를 과감히 탈피했다. 이후 교장선생님들과 계속 접촉했는데 우리가 입시 개선안을 바꾼다고 하니까 학생들이 좋아한다는 것이었다.

카이스트가 원하는 인재상인 창의력, 잠재력을 가진 학생을 선발하기 위해 서류 평가와 심층 면접을 했다. 심층 면접은 과학기술 글로벌 인재를 선발하기 위해 개인 면접과 토론, 토의 면접을 했다. 타인과의 원활한 소통 능력, 논리 전개 능력, 창의적 아이디어를 도출할 수 있는 역량이 있는지 확인했다. 첫 입학사정관 전형은 성공적으로 진행됐다.

우리가 입학사정관 제도를 시행하자 교육과학기술부 이주호 장관도 좋은 방법이라며 그 제도를 2008년부터 전국 일반고에 확대 적용하자고 했다. 그래서 카이스트에서 일반고 학생 200명을 선발했다. 이것이 오늘날 수시 제도의 근간이 됐다.

대학입시 개혁의 핵심은 대학·대학원 교육이 아닌 입시 교육에만 과도하게 집중된 한국의 교육 환경을 바로잡는 데 있다. 중등교육 과정의 피로도를 과감히 줄이고, 스스로 공부하는 자기 주도 학습 능력을 고등교육 과정에서도 꾸준히 이어가는 것이 핵심이다. 이런 목표와 비전을 제시하며 개혁을 이끈 결과 카이스트는 교육, 예산, 캠퍼스 확장 등에서 괄목할 만한 성장을 이루었다.

사실 이 학습법은 오래 된 나의 공부 방법이었다. 학원을 다녀 본 적이 없는 나는 어려서부터 꾸준히 스스로 문제를 풀어 나가는 학습 방법을 키워 나갔고, 이 방법이 빛을 발한 것이 유학 생활에서였다. 이 학습 방법 덕분에 많은 시간 전도를 하러 여기저기 돌아다니면서도 스스로 문제의 핵심을 만들고 풀어 나가는 방법으로 별 어려움 없이 공부를 마칠 수 있었다. 또한 교수가 되어 원자력 기술 자립의 과정과 카이스트 부총장, 한동대 총장이 되어서도 어려운 문제를 해결해 나갈 수 있는 근간이 되었다.

최근에는 입시 비리 사태 때문에 '과정 중심' 평가인 수시 제도를 줄이고 이전처럼 '결과 중심' 평가인 정시를 확대하자는 목소리가 높다. 수능과 정시 비중이 높아지면 어떻게 될까. 소위 교육 특구라 불리는 서울 강남, 목동 8학군 등지로 학원 수요가 다시 몰리고 수도권 부동산 가격이 급등하게 될 것이다.

반면에 수시 제도와 입학사정관제가 활성화되면 사교육 기관이 몰린 교육 특구 지역 수요가 감소한다. 지방과 수도권의 고등교육과 지역균형 발전이 이뤄질 수 있다. 그래서 한국의 교육문제는 국가 균형 발전의 결정적 요인이라고 하는 것이다. 물론 제도가 악용될 수도 있다. 문제점은 수정·보완해가며 정시와 수시라는 양대 축으로 입시제도를 운영해야 할 것이다.

하인, servant
하나님의 사람
장춘흥

● 장순흥(오른쪽) 한동대 총장이 2010년 5월 카이스트 교학부총장 시절 한국형 원전 수출에 기여한 모하메드 빈 자이드 알 나흐얀 UAE 아부다비 왕세자에게 명예박사 학위를 수여한 뒤 악수하고 있다.

17

UAE 원전 수주···
위축된 연구개발 분위기 살아나

금융위기로 침체된 과학기술 연구 분야
해외 원전 수주로 반전시키려 입찰에 총력
지도층 직접 만나 안전 문제 논란 설득해

2007~2008년 카이스트 부총장직을 수행하며 테뉴어 제도, 입학사정관 제도와 같은 과감한 개혁을 했다. 많은 분이 학교에 좋은 인상을 받았는지 류근철 박사님과 김병호, 박병준 회장님이 각각 578억 원, 300억 원을 쾌척하고 KI 건물을 기부해 주셨다. 그중 아직도 주님께 감사드리며 기억에 남는 일은 아버님과도 같았던 고 류근철 박사님의 2008년 당시 우리나라 최고 기부금이었던 578억 원의 기증이다. 류근철 박사는 "국가를 위해서 잘 써 달라"고 요청하였다. 류근철 박사의 기부는 힘들었던 카이스트 개혁에 마치 선물과도 같다는 생각이 들었다.

카이스트가 발전하는 데 중요한 역할을 한 또 다른 사건은 정보통신대학원대학교(ICU)와의 통합이었다. 2007년 노무현 대통령 임기 말이었다. 학생이나 학부모들은 카이스트와의 통합을 원했다. 그러나 당시 ICU 총장과 보직자들은 흡수통합될 것을 우려했다. 정부 관계자들도 적극적으로 나서지 못했다. 나는 청와대의 의견이 가장 중요하다고 생각하였고 고 노무현 대통령의 의견을 받아 달라고 요청하였다. 놀랍게도 노무현 대통령은 카이스트로 통합하는 것이 맞다고 결정하였다. ICU를 통합함으로써 카이스트는 비교적 약한 부분인 소프트웨어 분야의 경쟁력을 높일 수 있었다.

이후 온라인 전기차, 모바일 하버 같은 굵직한 정부 프로젝트를 따내며 카이스트의 전성기를 이뤘다. 2009년은 특히 나에게 의의가 컸던 해다. 직전 해에 금융위기가 터졌고 그 여파로 연구개발(R&D)이 상당히 위축되는 분위기였다.

서남표 총장님의 호출이 왔다. "장 교수, 이럴 때일수록 과학기술 R&D를 더 활성화해야 하는 것 아닙니까. 청와대와 관계자를 접촉해 뜻을 전해 주십시오."

'이럴 때일수록 무엇을 더 해야 하나' 하는 고민을 안고 청와대와 정부 관계자를 찾아다녔다. 그때 만났던 분들이 한결같이 "원자력 산업에서 뭔가를 해내면 좋겠다"는 의견을 던졌다. 당시 윤진식 청와대 정책실장이 관심이 많았다. 그런데 그해 아랍에미리트(UAE) 원전 사업의 입찰평가(Bid evaluation)가 있었다. '아, 이거다.' 그렇게 원자력 사업이 전광석화같이 진행됐다.

당시 UAE 원전 사업을 알아보니 입찰 평가가 2009년 안에 다 끝나기로 돼 있었다. 그래서 윤 실장에게 이렇게 이야기했다. "이번 프로젝트는 우리가 수주할 가능성이 매우 큽니다. 정부에서 강력히 도와주십시오." 사실 UAE 원전 수출 때 이명박 대통령이 많은 역할을 했다. 하지만 대표단 구성을 포함하여 실질적으로 많은 지원을 해 준 사람은 윤 정책실장이었다.

나는 대표단의 교육 담당으로 참여했다. 기본적인 임무는 UAE의 원자력 고급 인력을 양성하는 방안을 논의하는 것이었지만, 실제론 APR1400의 안전성에 대한 설득이었다. 그 일을 내가 할 수밖에 없었던 이유가 있다.

우선 대표단 중에 원자력 안전을 아는 사람이 별로 없었다. 특히 2002년 표준설계인가 때 나는 안전 전문위원장으로 참여한 경험이 있었다. APR1400을 누구보다도 잘 알았기 때문에 원자력 안전과 관련해 UAE의 지도층에게 직접 안전 문제를 설득했다.

UAE 측에서 송곳 같은 질문을 던졌다.

"APR1400이 한국 표준설계인가만 받은 거 아닙니까."
"미국 설계인증도 얼마든지 받을 능력이 있습니다. 왜냐하면, 한국의 'APR1400'이 미국 인증을 받은 'System 80플러스'보다 개선된 기술이 훨씬 더 많습니다."

UAE에서 문제를 제기한 이유가 있었다. 한국의 원전 기술이 다른 국가보다 가격은 싸지만, 안전성은 떨어진다는 소문이 있었다. 경쟁사에서 한국 원전은 가격만 싸지 안전하지 않다고 계속 공격해 왔다. 그래서 단순하게 '설계 인증받은 System80 플러스보다 더 개선됐다', '한국에서 신고리 원자력발전소 3, 4호기가 곧 가동한다', 'APR1400의 거대 실험 장치인 아틀라스는 이미 가동되고 있다'는 세 가지 논리로 파고들었다. 지금도 2009년 12월을 잊을 수 없다. "원전 수주를 한국과 하겠습니다." 아주 실제적이며 심플한 설득력이 전달되어 원자력 불모지에서 해외에 원전 수출이라는 기적을 만들어 낼 수 있었다.

하인, servant
하나님의 사람
장춘홍

● 장순흥(오른쪽) 한동대 총장이 2012년 2월 일본 후쿠시마 원전사고 조사위원회 자문위원으로 활동할 때 다카하시 다카시 후쿠시마 제1원자력발전소장과 함께했다.

18

후쿠시마 원전 사고,
부실한 사후 대처에 피해 눈덩이

숨기기에 급급 정보 공유 않고 눈치만
사고 매뉴얼도 없어 대피 과정 큰 혼란
반면교사 삼아 안전 위해 더 노력해야

2009년 12월 UAE 원자력발전소의 건설·운영권을 따냈다. 이 원전 수주는 대한민국 원자력 역사에서 획기적 사건이었다. 원전 수주 이후 UAE와 건설, 국방, 방산, 의료 등 다양한 분야의 협력을 이뤘고 중동과 새로운 협력 분야가 생겼다.

2011년 3월 11일 UAE 원전 기공식에 참석하려고 인천공항을 떠날 때였다. "긴급 속보를 알려드립니다. 일본 후쿠시마에서 대지진이 발생했습니다." 동일본 대지진의 여파는 컸다. 후쿠시마에 있던 원자력발전소가 손상되는 사고가 발생했다.

당시 나는 한국원자력학회장을 맡고 있었는데 그해 말 5명으로 구성된 후쿠시마 원전사고 조사위원회 국제자문단의 자문위원으로 선임되었다. 리처드 메저브 전 미국 원자력규제위원장과 앙드레 클라우드 라코스테 프랑스 원자력안전규제당국 의장, 라스 에릭 홈 국제방사선방호위원(ICRP) 전 위원장, 차 쿼한 중국 환경부 수석 엔지니어였다.

이듬해 2월 사고 현장을 방문했다. 조사위원회에 참석하면서 자꾸 드는 생각이 있었다. '이 사람들이 뭔가를 숨기려 하는구나.' 후쿠시마 1호기는 쓰나미로 인한 디젤 발전기 침수 몇 시간 후에, 그리고 2, 3호기는 2~3일 후에 중대 사고가 발생했다. 그런데 일본 정부는 그걸 사고 발생 후 3개월 뒤 중대 사고라고 공식 인정했다.

회의 중에도 다들 조용했다. 서로 눈치만 보고 모르겠다는 말로 일관했다. 이렇게 정보를 공유하지 않고 쉬쉬한들 자국민에게 불안감만 증폭시킬 뿐이었다. 나아가 타 국가와의 관계에서도 일본에 대한 불신만 커지게 했다.

알고 보니 일본은 원자력발전소에서 모든 전원이 상실되는 사고에 대한 대응 매뉴얼이 없었다. 사고 초기 방사선 검출 측정에 실패했고 정부와 기관 사이에 비효율적 정보 전달로 측정 데이터를 제대로 사용하지 못했다. 무엇보다 주민 대피 과정에서 혼란이 컸다. 일본 정부는 ICRP의 비상 대피 권고 기준을 보수적으로 잡았다. 그리고 이 기준에 따라 주민 11만 명을 대피시켰다.

문제는 이 지역이 시골이라 주민들 대부분이 노인이었다는 것이다. 갑자기 많은 인원이 대피하는 상황에서 이동 중 심리적 스트레스나 지병 때문에 몇 분이 돌아가셨다. 방사선 피해로 돌아가신 분은 하나도 없는데 말이다. 뒤늦게 대피한 사람도 있었다. 그렇지만 방사선 때문에 신체 건강에 이상이 생긴 경우는 하나도 없었다.

일본 정부가 대피 기준으로 잡은 방사능 피폭량(20mSv/연) 기준 역시 인체 영향을 기준으로 잡은 것이 아니었다. 그냥 보수적인 기준이었다. 실제로는 옥내 대피 권고만으로도 충분했다. 오히려 방사성 물질이 많은 사고 초기에 밖으로 대피하는 것보다 어느 정도 사고가 진정된 후 대피하는 것이 노인 사망자를 줄이는 방법이었다.

현장을 보면서 이런 결론을 내렸다. '후쿠시마 원전 사고는 천재지변으로 시작됐다. 하지만 대비를 소홀히 하고 사후 대처가 부실해 피해가 눈덩이처럼 커졌다. 이것은 전형적인 인재다. 각국의 원자력 종사자는 원자력발전소의 절대 안전을 위해 더 노력해야 한다.'

언젠가 백원필 현 원자력학회 회장이 나에게 한 말이 있다. "원자력 하는 사람들이 대부분 반핵 단체 인사들과의 접촉을 피하거나 겁을 내는데, 교수님은 그분들과도 적극적으로 접촉하신다"는 것이었다. 사실 나는 원자력 사업자와는 식사조차 거의 안 했다. 오히려 원자력 환경단체나 원전 인근 지역 주민들과 밥을 더 많이 먹은 것 같다. 내 기억으로는 그들을 직접 찾아간 적이 많은 것 같다. 그래서 원자력 안전규제 일을 하면서도 지역주민들 얘기를 많이 듣고 결정했었다.

원자력학회장을 하면서도 지역에 많이 가서 각 지부도 만들고 지역민의 얘기도 많이 들었는데, 앞으로 원자력이 제대로 역할을 하려면 지역 주민들과 잘 소통하는 것이 굉장히 중요하다고 생각한다. 그리고 환경단체 분들과도 최대한 이야기를 많이 하는 것이 중요하다. 대화는 무조건 많이 해야 한다. 특히 우리와 다른 의견을 가진 분들과 많이 이야기해야 할 것이다.

하인, servant
하나님의 사람
장순흥

● 장순흥(오른쪽) 한동대 총장이 2012년 8월 미국 시애틀 테라파워 사무실에서 빌 게이츠와 원자력 발전 기술 보급을 위해 대화를 나누고 있다.

19

원자력 옹호가 빌 게이츠, 한국형 원자로에 큰 관심

지구온난화 최적 해결책이란 믿음으로
기술 자립 경험 공유하고 싶다며 초청
연구 개발·공동 설계까지 합의하게 돼

2012년 8월, 마이크로소프트(MS) 창업자인 빌 게이츠의 초청을 받아 미국에 갔다. "마이크로소프트 경영에서 물러나 자선사업을 하다 보니 사람들 생활에서 전기가 무척 중요하다는 것을 깨달았습니다. 그래서 OECD 통계를 분석해 봤더니 전기가 제일 값싼 나라가 바로 한국이었습니다. 에너지 자원이 하나도 없는 나라가 어떻게 그럴 수 있는지 알아봤더니 그 이유가 바로 원자력이더군요."

당시 한국은 원자력발전소를 20기 이상 돌리고 해외에 수출까지 한 원자력 강국이었다. 기후변화 협약을 고려하면서도 가난한 사람들에게 전기를 싸게 공급할 수 있는 건 현실적으로 원자력밖에 없었다.

그래서 한국 원자력의 핵심 멤버들을 찾다가 나를 초대하게 된 것이었다.

그는 한국의 원자력 발전과 기술에 큰 관심을 보였다. 특히 한국의 기술 자립 경험을 공유하고 싶어 했다. 가장 관심을 가진 기술은 미래형 액체 금속로인 소듐냉각고속로(SFR)였다.

2012년 미국 시애틀로 초청받은 이후, 2013년에는 빌 게이츠가 한국에 와서 또 한 번 만나게 됐다. 그때 박원석 당시 원자력연구원의 소듐냉각고속로 사업단장도 동석했다.

그 자리에서 우리는 소듐냉각고속로 설계에 협력하기로 했다. 다만 아쉽게도 연구 개발 및 공동 설계까지는 합의했지만 실제 건설로 이어지지는 못했다.

빌 게이츠는 지금도 대표적인 원자력 옹호자이다. 그가 원자력을 선호하고 관심을 가졌던 이유는 세 가지로 정리할 수 있었다.

첫째, 화석 에너지는 이산화탄소 같은 온실가스를 배출하기 때문이다. 빌 게이츠는 기후변화 대응의 열렬한 옹호자다. 그는 지구온난화 문제를 해결하려면 화석 에너지를 점차 줄여 나갈 수밖에 없다는 입장을 갖고 있었다.

둘째, 신재생 에너지가 결코 대안이 될 수 없다는 것이었다. 신재생

에너지는 간헐적으로 생산되기 때문에 전기 저장 시설이 필요하다. 그런데 전 세계 배터리를 모두 끌어모아도 가장 전기가 많이 필요할 때의 전력을 10분밖에 충당하지 못한다. 그 때문에 전기를 대량으로 안정적으로 공급하는 데 신재생 에너지는 현실적이지 못하다는 것이다.

마지막으로 가장 현실적인 에너지원이 원자력이라는 것이다. 원자력만이 원활하고 안정적으로 대량의 전기를 공급할 수 있고, 가격도 저렴하고, 온실가스도 없으니 지구온난화 속도를 늦출 수 있는 최적의 해결책이라는 것이 빌 게이츠의 생각이었다.

빌 게이츠는 원자력 공학 분야의 전문가인 나와 기술적·이론적 의견을 주고받을 정도로 해박한 지식을 갖고 있었다. 원자력에 대해 스스로 공부했기 때문이다.

'도대체 빌 게이츠와 스티브 잡스, 마크 저커버그처럼 세계를 변화시킨 사람들은 무엇이 다른 것일까.' 나는 당시 카이스트 부총장직을 맡고 있었기에 세상을 변화시킬 인재를 만들려면 학습자(학생)는 무엇을 해야 하는지에 대하여 계속 생각하고 있었다.

세 사람은 공통점이 있었다. 대학은 중퇴했지만, 평생 스스로 필요한 분야를 찾아 공부하는 자기 주도적 학습 능력과 문제 발견, 해결 능력을 갖추고 있었다.

● 장순흥(오른쪽) 한동대 총장이 2014년 2월 경북 포항 한동대에서 열린 5대 총장 취임식에서 김영길(왼쪽) 초대 총장, 김범일 전 이사장과 함께했다.

20

'하나님의 대학' 한동대 차기 총장 권유에 고민

개교 초부터 어려운 일 함께하며 관심
김영길 초대 총장도 강력하게 권해
"주님 원하시는 길이 어디입니까" 기도

2012년 12월 19일에 실시된 대한민국 제18대 대통령 선거에서 박근혜 후보가 당선되었다. 박근혜 대통령 당선자는 나에게 인수위에서 함께 일해 주기를 부탁하였고 나는 교육과 과학기술 분야를 책임지는 인수위원으로 참여하게 되었다. 인수위 활동을 통해 박근혜 정부의 핵심 사업이었던 미래창조과학부(현 정보통신과학기술부)를 기획·발족하게 되었다. 2013년 들어 박근혜 정부가 정식으로 출범하고 나서 과학기술 분야의 중요한 일들을 감당해 달라는 요청을 많이 받게 되었다. 박근혜 정부 출범 시에 과학기술 분야의 중요한 정책들을 제시한 사람으로서 막중한 책임감이 있었다. 뿐만 아니라 카이스트에서 해야 할 일들도 많았다. 카이스트에서 30년이 넘는 기간 동안 연구와 교육에 전념한 교수로서, 또 이후 10여 년 동안 주요 직책을 맡아 온 보직자로서 나는 카이스트의 연구, 교육, 행정, 정책 수립 등 여러 분야에서 수행할 일들이 많이 있었다. 원자력 분야에서도 UAE 원전 수출 이후 진행 예정이던 여러 연구를 비롯해 해야 할 일들이 산적해 있었다.

비슷한 시기에 나는 한동대학교 김영길 총장님과 김범일 이사장님으로부터 차기 한동대학교 총장으로 헌신해 달라는 권유도 받게 되었다. 개교 초기부터 숱한 어려움과 난관을 이겨내시고 지난 19년간 한동대학교의 놀라운 발전을 이끌어 내는 일에 헌신하셨던 김영길 총장님께서 이제 한동대학교 총장으로서의 그 임무를 내려놓으시며 차기 총장 공모에 적극적으로 응모해 줄 것을 강력하게 권유하셨다. 사실 나는 한동대학교 개교 초기부터 김영길 총장님과 노희천 교수와의 인연으로 인해 한동대학교에 많은 관심과 성원을 보내고 있던 터였다.

특히 1997년 한동대학교가 무척 어려웠던 시절 나는 학교 측에 갈 대상자를 통한 후원자 모집이라는 아이디어를 제공하였고 이는 곧 한동대학교가 재정적인 어려움에서 벗어날 수 있는 결정적인 계기가 되기도 했었다. 2007년부터는 한동대학교 이사로서, 이사장으로서 학교와 관련해서도 많은 일을 하고 있던 시기였다. 한동대학교가 가지고 있는 경쟁력과 장점부터 어려움과 고난에 이르기까지 속속들이 들여다 보면서 챙기고 있었다. 이때에 나는 인생의 여러 갈림길 앞에 서서 참으로 많은 고민을 했던 것 같다.

정부의 과학기술 정책을 책임지고 미래창조과학부라는 큰 그림을 그린 사람으로서, 교육과 연구를 이끌어 온 카이스트 교수로서, 국가의 에너지 산업을 선도하는 원자력 전문가로서, 마지막으로 하나님의 대학, 한동대학교가 대내외적으로 어려움을 겪고 있는 시기에 한동대학교 총장으로서 이 어려움을 잘 극복하고 하나님의 대학으로서 다시금 우뚝설 수 있도록 해야 한다는 여러 책임감이 내 자신으로 하여금 어떠한 결정을 내려야 할지 혼란스럽게 하던 시기였다.

이와 같이 여러 가지 앞날에 대한 고민을 안고 있던 시기에 주변 사람들은 한동대학교 총장이라는 좁고 어려운 길을 왜 가려고 하는지 많이들 의아해하였다. 국가적으로 과학기술 분야의 요직으로 갈 수 있는 길이 많았고 그 길은 모두가 생각하는 넓고 편한 길이었다. 하지만 한동대학교 총장으로서 갈 길은 내부적으로 선린병원 분리로 인해 발생한 부채를 해결해야 했고, 또 지난 19년 동안 한동대학교를 어려운 상황 속에서도 글로벌 대학으로 괄목할 만한 성장을 이끌어 오신 김영길 총장님 이후로 첫 변화를 겪어야 하는 시기라는 부담감도 매우 컸다.

대외적으로는 학령 인구 감소와 반값 등록금 문제 등 재정적으로 지방의 사립대가 감당해야 하는 어려움들이 너무나도 산적해 있던 시기였다. 나는 이때에 정말 말씀을 붙잡고 기도로써 나의 갈 길을 알려주시기를 하나님께 간구하기 시작하였다. 하나님께서 나에게 주신 사명은 인간적으로 걸어가기 어렵고 힘든 한동대학교 총장으로서의 길이었다. 하지만 오히려 어렵고 힘든 길이라는 의미가 더 강하게 다가올수록 내 맘속에서는 더 큰 책임감으로 다가왔고 반드시 한동대학교를 지켜야 한다는 사명 의식이 피어나게 되었다. 비록 좁고 어려운 문일지라도 그것이 하나님을 위한 길이라면 기꺼이 그 문을 열고 걸으라고 하셨던 것이다.

나는 이미 두 번의 공모를 통해서도 적당한 후보를 찾지 못하고 난관을 겪고 있던 한동대학교 총장의 세 번째 초빙 공모에 응하게 되었고 마침내 한동대학교 역사상 두 번째 총장으로 선임되었다. 카이스트에서 10년간 보직을 맡으면서 얻게 된 교육 행정의 철학과 노하우를 바탕으로 두 외국인 총장에게서 배운 혁신적인 정책들을 한동대학교에서 펼칠 수 있게 되었다. 이에 차기 총장 내정자로서 한동대학교의 새로운 변화와 도약을 위해 10대 프로젝트를 발표하고, 실천하는 인성·영성, 문제 해결 중심 교육, 각 사람의 달란트를 통해 창의력과 재능을 발휘할 수 있는 교육 시스템 구축 등의 교육 정책을 발표하게 되었다.

2014년 2월 4일, 한동대학교 총장 이·취임식이 열리는 시간을 얼마 남기지 않고 나는 아버지께서 소천하셨다는 연락을 받게 되었다. 한동대학교 총장으로 취임하던 날 아버지를 하나님께로 보내드려야 하는 어려운 일을 겪게 된 것이다. 한동대학교 역사상 처음으로 실시하는 총장 이·취임식 행사는 여러모로 매우 의미가 있는 행사였기에 이러한 상황 속에서도 나는 학교 행사를 먼저 돌아볼 수밖에 없었다. 행사를 무사히 마친 뒤에야 소천하신 아버지를 찾아뵐 수 있었다.

● 장순흥(왼쪽) 한동대 총장이 2018년 미국 샌프란시스코 미네르바대학 사무실에서 벤 넬슨 설립자와 악수하고 있다.

21

한동대 총장 부임…
'문제 해결 중심 교육' 강조

'하나님의 대학' 방향과 정체성 고민하다
'세상을 바꾸는 10대 프로젝트'와 더불어
재능·창의 발휘할 수 있는 교육정책 발표

2013년 말, 한동대학교 총장 내정자로 확정되면서 나는 한동대학교가 앞으로 추구해야 할 방향에 대해서 여러 가지로 고민하고 기도하게 되었다.

총장으로서 한 학교를 이끌어 가는 것뿐만 아니라 한동대학교가 하나님의 대학으로서 정체성을 더욱 공고히 하기 위한 방면에도 심혈을 기울여 준비를 하였다. 끊임없는 고민과 기도 끝에 준비하고 발표한 것이 바로 '세상을 바꾸는 10대 프로젝트'이다.

10대 프로젝트는 1. 지역발전 프로젝트, 2. 통일한국 프로젝트, 3.

아프리카 프로젝트, 4. 창업 활성화 프로젝트, 5. 스마트 파이낸싱 프로젝트, 6. 차세대 ICT(정보통신기술) 프로젝트, 7. 차세대 자동차 및 로봇 프로젝트, 8. 지속가능한 에너지·환경 프로젝트, 9. 차세대 의식주 프로젝트, 10. 건강-복지 프로젝트이다. 이 모든 것이 결국은 우리의 이웃들이 가지고 있는 문제를 발견하고 그 문제를 해결하는 것을 목표로 하고 있다.

2014년 2월 1일부로 한동대학교 총장에 취임하면서 본격적으로 10개의 프로젝트를 실시하게 되었다. 이와 더불어 실천하는 인성·영성, 문제 해결 중심 교육 실시, 각 사람의 달란트를 통해 창의력과 재능을 발휘할 수 있는 교육시스템 구축 등의 교육 정책을 연이어 발표하였다.

그중 문제 해결 중심 교육을 강조하게 된 것은 앞서 내가 유학 시절 첫 번째 시험에서 실제적으로 경험한 사례를 바탕으로 하였다. 시험을 하루 앞두고 교수님께서 가장 중요하게 생각하시는 문제가 무엇일까 고민한 끝에 얻게 된 5가지 문제를 스스로 찾고 그 해답까지 구했던 것이 바로 다음날 시험 문제로 나왔을 때 얻었던 놀라운 경험은 이후 나로 하여금 문제 해결 중심 교육이 얼마나 중요한 것인지를 깨닫게 되는 계기가 되었다.

2018년 미국 출장 시에 미네르바대학을 방문해 이 대학 벤 넬슨 설립자를 만났을 때도 이 점을 다시 한 번 확인할 수 있었다. 기존의 대학 교육에서 탈피하여 새로운 대학 교육 모델을 제시하고, 현재 전 세계 대학 혁신의 롤모델인 미네르바대학의 설립자 벤 넬슨 역시 내가 강조했던 문제 해결 중심 교육을 중심으로 이 대학의 커리큘럼을 만들어 가고 있다고 하였고, 나의 교육 철학에 적극적으로 동의하였다. 그와의 만남 이후로 미네르바대학과 한동대학교는 현재까지도 지속적으로 긴밀하게 협력하고 있다. 총장으로 재임한 지난 8년간 나는 끊임없이 문제 해결 중심 교육을 강조해 왔다. 이를 통해 한동대학교는 교육부가 주관하는 대학교육혁신지원사업을 비롯한 모든 평가에서 최우수 등급(A등급)을 받고 있으며, 각종 소프트웨어 중심 대학 등 국고 사업에서도 우수한 성적으로 선정되어 국고 지원을 받고 있다. 또한 많은 재학생들이 LG 글로벌 챌린지를 비롯한 각종 공모전에서 우수한 성적을 거두며 사회적으로도 큰 이슈를 몰고 다니고 있다. 8년이 지난 현재에 이르기까지 그러한 교육 철학은 여러 곳에서 계속 강조되고 있으며, 초·중등 교육에서도 이러한 교육 모델을 적용하는 사례가 꾸준히 늘어나고 있다. 대한민국 교육의 미래가 밝다고 생각되어 마음이 흐뭇하다.

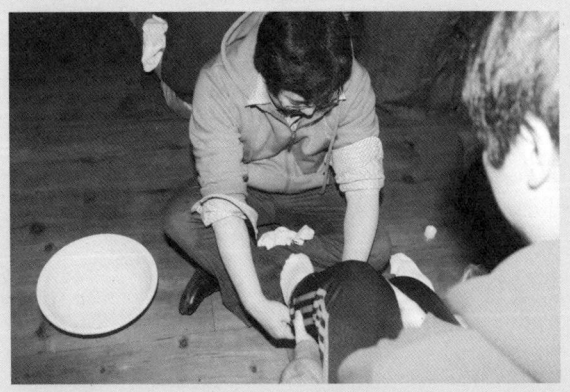

● 장순흥(왼쪽) 한동대 총장이 2014년 2월 경북 포항 한동대 캠퍼스 안에서 진행된 신입생 오리엔테이션 '한스트'에서 학생의 발을 씻겨 주고 있다.

22

낮은 자의 모습으로 섬기는
선순환 전통 26년간 지켜

정직·성실 통한 인성·영성 교육 목표로
선배가 신입생에게 학교생활 알려주고
세족식 통해 후배 섬기는 모습 보여줘

한동대학교가 개교 초기부터 강조해 온 것이 바로 정직과 성실을 통한 인성·영성 교육이다. 한동대학교의 슬로건인 "Why not Change the World!"를 위해서 가장 기본이 되어야 할 것이 바로 인성 및 영성 교육이라고 생각했다. 아무리 학문적으로 탁월하고 지식적으로 우수한 인재일지라도 인성과 영성이 밑바탕이 되지 않으면 세상을 변화시키는 훌륭한 인재가 될 수 없다.

김영길 총장님께서 말씀하신 장인 공(工)자형 교육 모델이 바로 이러한 한동대학교의 교육 철학을 반영한 것이라고 할 수 있다. 인성과 영성을 바탕으로(ㅡ), 학문적인 탁월성을 쌓고(l), 그 위에 국제화된 역량

(一)을 갖춘 인재를 양성하는 것이 바로 한동대학교가 추구하는 장인공(工)자형 교육 모델이다.

한동대학교는 개교부터 학생들이 주관하는 신입생 오리엔테이션인 "HanST(한스트)"를 지금까지 이어 오고 있다. 재학생 선배들이 한스트 프로그램을 통해 신입생 후배들에게 학교에 대해서 자세하게 알려주고 하나부터 열까지 낮은 자의 모습으로 섬기는 한동의 선순환적인 관계의 전통은 26년이 지난 지금까지 유지되어 오고 있다. 선배의 강압적인 말투와 얼차려 같은 건 우리 대학교 내에서는 찾아볼 수 없다. 오히려 한스트 때 교수와 선배 재학생들이 신입생들에게 실시하는 세족식과 같은 모습이 선배가 후배를 사랑하는 가장 한동스러운 모습이다.

훌륭한 인성을 갖춘 인재를 양성하기 위해 우리는 개교 초부터 현재까지 무감독 양심 시험을 진행하고 있다. 몇 년 전 설문 조사를 통해 알아본 결과, 부정행위에 대한 유혹을 느낀 학생들도 몇몇 있었고 실제로 부정행위를 했다고 응답한 학생들도 있었다. 하지만 그 학생들도 학교가 추구하는 정직과 성실이라는 인성 교육 아래 교육을 받은 후에 자신들의 행위가 잘못된 것임을 인지하고 추후에는 부정행위를 하지 않았다고 고백한 설문 결과가 나오기도 하였다. 이는 스스로 자신의 잘못을 인지하고 깨닫게 함으로써 시험 감독을 통해 부정행위를 방지하는 것보다 몇배나 더 큰 효과를 보고 있음을 알게 되었다.

나는 이 같은 한동대학교의 전통에 따라 '한동만나프로젝트'라는 프로젝트를 실시하였다.

한동만나프로젝트는 한동대학교 학생 중에 경제적인 이유 등으로 인해 학교에서 식사를 거르는 학생들을 후원하고 돕는 프로젝트이다. 부임 초기 교내 여러 가지 문제들을 찾아보던 시기에 경제적인 어려움으로 식사를 종종 거르는 재학생들이 약 7% 정도 된다는 설문조사 결과를 접하였다. 나는 이 문제를 빨리 해결해야겠다고 생각하였고, 이를 위해 보통 3,000원 남짓하는 학생식당 밥을 경제적으로 어려운 학생들에 한해 자율적으로 100원만 내고 먹을 수 있게 하였다.

이 프로젝트를 진행하면서 나는 우리 학교 학생들이 내가 기대했던 것보다 더 양심적이라는 것을 알게 되었다. 이 혜택을 이용한 학생이 예상보다 훨씬 적었기 때문이다. 이 사실만 보더라도 한동대학교 학생들은 충분히 정직하다는 것을 느낄 수 있었다. 이를 통해 2016년부터 현재에 이르기까지 약 48,000끼니를 제공했으며, 약 6억 원의 기부금을 통해 현재에도 한동만나프로젝트는 계속되고 있다.

한동대학교는 선교사 자녀(MK)와 목회자 자녀(PK)가 전체 재학생의 약 20%를 차지하고 있다. 특히 선교사 자녀와 미자립교회 목회자 자녀들은 경제적인 이유로 인해 원활하게 학업을 이어 나가기 어렵다는 것을 여러 학생들과의 면담을 통해 잘 알고 있었다.

경제적으로 어려운 선교사나 목회자 자녀의 경우, 선교 및 목회 사역을 하는 부모님에 대한 자부심보다는 약간의 원망이나 볼멘소리들이 있었고, 스스로에 대한 자존감 역시 매우 낮은 상황이었다. 이처럼 어려운 상황 속에 놓여 있는 학생들을 돕기 위해 '여호수아장학금'을 만들었고, 많은 후원자들의 도움을 받아 2016년 1학기부터 2021년 2학기 현재까지 2,186명의 학생에게 22억 원 정도의 장학금을 전달하였다.

나는 이들이 한동대학교에서 받은 사랑의 마음을 통해 부모님을 더욱 자랑스럽게 여기고 본인들도 부모님의 뒤를 이어 2세, 3세에 걸친 선교사로, 목회자로서의 삶을 살아가기를 희망하였다. 16학번 졸업생 중에 내가 오리엔테이션 때마다 부모님의 뒤를 이어 목회자의 삶을 이어 가도록 권면하였던 학생이 장로회신학교에 지원해서 신학생이 되었다고 감사의 편지를 보내 주기도 하였다. 이러한 것들을 통해 그들의 부모님들이 매우 보람되고 값진 사역을 하고 계신다는 것을 몸소 깨닫고, 그들 스스로도 하나님의 일을 위해 자신을 헌신하는 것이 무엇보다도 값지다는 것을 느끼고 그 길을 가기를 계속해서 기도하고 있으며, 지금도 이 학생들을 도울 수 있는 여러 가지 방안들을 모색하고 있다.

하인, servant
하나님의 사람
장논흥

● 장순흥(오른쪽) 한동대 총장이 2017년 7월 이스라엘 히브리대 내 한동대 센터 개소식을 갖고 에셔 코헨 히브리대 총장과 악수하고 있다.

23

변화하는 사회가 요구하는 진정한 글로벌 대학으로…

국제화는 미래 대학교육 모델 핵심 전략
세계 곳곳서 선교하는 졸업생 많아지고
미 벤처산업 심장부에 한동대 센터 설치

내가 한동대학교 총장에 갓 취임했을 때, 한동대학교가 나아갈 길 앞에는 대내외적인 어려움이 있었다. 이렇게 변화의 길에서 광야의 길을 걸어나가는 마음으로 하나님께 기도하며 찾은 길 중 하나는 한동대학교의 글로벌화였다. 당시 나는 새로운 대학교육 모델을 제시하고자 했고 무엇보다 시대의 흐름 속 변화하는 사회가 요구하는 글로벌 인재를 양성하는 것을 목표로 세웠다. 글로벌화를 하면 한동대학이 서울 밖 외진 곳에 위치한다는 사실은 전혀 문제가 되지 않게 된다. 또한, 진정한 국제화를 이루는 것이 학령인구 감소를 앞둔 지방대학이 살아남는 전략이기도 했다.

한동대학교의 영문 학교명은 Handong Global University인 만큼 이미 설립 초기부터 해외 선교사로 파송된 선교사 자녀(MK)들의 입학률이 높았고, 지금도 그 MK 재학생 비율이 20%에 이른다. 세계 각국에서 오는 MK들이기 때문에, 즉 입학하기 전부터 이미 국제화된 학생들이기에 한동 캠퍼스의 글로벌화에도 크게 기여한다. 또한, 한동대는 우리나라에 로스쿨이 도입되기 전부터 미국에서 활동할 수 있는 변호사 양성이 가능한 로스쿨을 운영했고 영어만 쓰는 캠퍼스와 기숙사를 운영해 오고 있었다.

"하나님의 방법으로 하나님의 인재를 양성하는 하나님의 대학"이라는 정체성을 유지하며 글로벌화를 강화해 나가면 많은 선교사 자녀들이 한동을 통해 훌륭한 글로벌 인재로 성장하여 세계 곳곳에서 하나님의 사역을 능히 감당할 것이라는 믿음이 있었다. 이와 같이 배출된 한동의 MK와 졸업생들이 선교 현장을 비롯한 삶의 전 영역에서 빛과 소금의 역할을 잘 감당할 것이라 기대한 것이다.

한동대학교는 개교 초부터 선교 방면에 깊은 관심과 열정을 가진 대학이었다. 특히 한동을 졸업하고 세계로 나아가 선교 사역을 하는 사람들이 많았다. 그들은 피지, 말라위, 멕시코, 캄보디아, 베트남 등 어려운 환경으로 스스로를 이끌어 선교에 임했다. 이와 같은 선교의 열정과 전통은 재학 중인 후배들에게도 큰 귀감이 되어 끊임없이 계속 이어져 내려오고 있다.

2017년 아프리카 말라위 대양대학교 해외 출장 당시 한동대학교를 졸업하고 말라위 현지에서 사역하고 있던 동문들을 만난 적이 있는데, 그때 기억에 남는 일화를 소개하고자 한다. 나는 말라위 수도에 숙소를 마련했지만 낙후된 상수도와 난방시설로 하루에 정해진 1시간 동안만 온수를 사용할 수 있어 내심 불편함을 느끼고 있었다. 하지만 열매나눔(Merry Year International) 말라위 지부에서 교육 사역을 하고 있던 한동대학교 11학번 졸업생 김소정 동문과 함께 대화를 나누는 동안 그녀가 말라위에서 사역을 시작한 후로 처음 따뜻한 물로 샤워를 할 수 있어 너무도 좋았다는 이야기를 듣고 선교 사역을 위해 본인의 수많은 불편함을 감수하고자 하는 자세에 큰 감명을 받았었다.

김소정 동문처럼 본인의 어려움을 감수하며 세계 곳곳에서 하나님의 사역을 위해 헌신하고 봉사하는 수많은 한동 졸업생들이 바로 '한동이 글로벌하다'는 증거였다. 이를 계기로 한동대학교 총장으로서 스스로의 역할에 다시 한 번 큰 책임감을 느끼게 되었다. 이후 한동의 많은 MK 학생들이 선교적 사명을 이어받아 차세대 선교사로 성장할 수 있도록 힘쓰게 되었다.

한동의 글로벌화는 외국인 학생 몇 명 데려오는 데 집중하는 국제화가 아니라 선진화된 교육과 시스템이 있는 외국 현지에도 한동대학교 센터 혹은 사무소를 운영하며 한동대학교 학생들이 자유롭게 글로벌 경험을 쌓을 수 있는 국제화가 되어야 한다고 생각했다.

일례로 나는 2015년 이스라엘 예루살렘에 있는 히브리대학(The Hebrew University of Jerusalem)을 방문하여 학술문화교류협력 협정을 맺었고, 지속적으로 교직원 및 학생들을 이스라엘에 파견하고 있다. 이를 바탕으로 지속적인 협력과 향후 더욱 자유로운 교류를 위해 2017년 히브리대학 내에 한동대학교 현지 센터를 개소했다. 히브리대학은 이스라엘 총리와 노벨상 수상자를 다수 배출한 인문·공학·창업 명문 대학 중 하나로 아인슈타인이 대학 설립에 크게 기여한 것으로도 유명하다.

또한 같은 해인 2015년 3월, 한동대학교 글로벌 창업 활성화를 위해 실리콘밸리 현지를 방문해 실리콘밸리 주요 스타트업 대표들을 상대로 한동대학교 학생 창업 및 투자 유치 설명회를 개최하기도 했다. 이후 매년 한동대학교 학생들을 대상으로 '한동 스타트업 경진대회'를 진행, 우수한 아이디어를 낸 5~10명의 학생들을 실리콘밸리 기업에 보내 그곳에서 중장기 연수를 할 수 있도록 했다. 2019년 8월에는 KOTRA(대한무역투자진흥공사) 실리콘밸리 무역관과 글로벌 산학 협력에 관한 양해각서(MOU)를 체결하여 한동대의 글로벌 우수 기술을 사업화하고 글로벌 창업 지원 프로그램을 적극 지원할 수 있는 장을 마련할 수 있었다.

한동대학교가 한국의 가장 동쪽 해안 도시에 위치한 작은 대학이지만, 세계 곳곳에 한동대학교 센터를 설치하며 운영해 간다면 세상에

선한 영향력을 미칠 수 있는 강한 대학이 될 수 있다는 생각이었다. 또한 "성경의 중심지인 이스라엘에 한동센터를 설립하고 창업·기술의 중심지인 실리콘밸리에 사무소를 개설하여 하나님의 방법을 바탕으로 문제 해결력을 갖춘 인재를 양성한다"는 한동대학교 글로벌화를 강화하고자 했다.

● 장순흥(앞줄 오른쪽) 한동대 총장이 2015년 서울 롯데호텔에서 열린 제2차 UNAI 서울포럼에 참가하고 있다. 왼쪽은 반기문 유엔 사무총장, 가운데는 이리나 보코바 유네스코 사무총장.

24

한동대, 유엔 NGO 콘퍼런스 열어 개도국 지속 개발 힘써

유엔·국제기구와 협력 프로그램 통해
작지만 강한 글로벌 교육 산실로 성장
로스쿨 졸업생, 국내외 사회발전 기여

"한동대는 1995년 개교 이래 '세상을 변화시켜라'를 핵심 표어로 내걸고 세계와 함께 더불어 사는 융합형 인재 양성에 매진해 왔습니다. 앞으로는 UN을 포함한 국제기구들과 더 긴밀한 협력 교육 프로그램을 운영해 한동대를 작지만 강한 글로벌 융합인재 교육의 산실로 키우겠습니다."

한동대는 아시아·아프리카 대학으로는 처음 경주 UN NGIO 콘퍼런스 주관 대학으로 선정되어 2016년 5월 국제콘퍼런스를 개최했다. 당시 콘퍼런스 조직위원장이었던 나는 이 같은 내용을 환영사에 담았다.

나는 취임 이후 한동대의 강점인 개도국 지원 교육 프로그램을 활성화하는 데 힘써 왔다. 이에 국내 대학 최초로 유엔 공보국으로부터 NGO 지위를 얻었고, 지속가능한 개발과 세계시민 교육 등을 위해 유엔 각 기관과 긴밀한 협력관계를 강화하며 학생들이 세계시민의 자질을 갖출 수 있도록 애썼다.

또한 한국국제협력단(KOICA)과의 지속적인 협약을 통해 개발도상국 출신 대학생과 공무원들을 학교로 초청하여 석사과정 교육을 진행했다. 이 교육에서 나는 교육생들이 정주영, 이병철, 박태준 등 대한민국 산업 경제에 대변혁을 가져온 창조형 기업가 정신을 개도국에 불어넣을 수 있도록 해 달라고 강조했다.

2016년은 유엔이 2030년까지 추진하는 지속가능한 발전 목표에 지구촌이 힘을 모으는 원년이었다. UN NGO 콘퍼런스는 그것을 개발도상국 등에 어떻게 전파하고 교육해 목표를 이룰 것인지 논의하는 중요한 행사였다. 이 행사를 경주에서 열게 된 과정은 이렇다. 처음에는 서울이나 제주도에서 열자는 목소리가 컸는데 나는 경주에서 개최해야 한다고 강하게 주장했다. 경주는 일본 교토 못지않은 역사와 전통을 가진 천년고도다. 국제행사를 치를 인프라를 갖추었으므로 개최 장소로 손색이 없다는 것을 관계자들에게 설득해 결국 경주 개최가 결정됐고, 나는 조직위원장을 맡게 되었다.

1998년 반기문 유엔 전 사무총장이 오스트리아 대사로 있을 때 나는 국제원자력기구 자문위원으로서 서로 인연을 맺었다. 이후 2014년 남태평양 사모아에서 우리 대학이 연 유엔 아카데미임팩트 포럼에 반 총장이 참석해 힘을 실어 주었다. 작은 섬나라의 기후 변화와 지속 가능한 에너지 개발을 주제로 열었는데 반 총장이 참석해 "아시아에서 유일하게 사모아 경제와 환경문제를 도와주는 모범 사례"라고 한 것을 잊지 않고 있다.

한동대는 김영길 전 총장 때부터 유엔 및 국제기구들과 협력 프로그램을 진행해 2007년에는 아시아 대학 최초로 유네스코 유니트윈(UNITWIN) 주관대학으로 선정되는 등 일찌감치 UN과 인연을 맺었다. 유네스코 유니트윈은 17개국 28개 대학·기관과 결연해 개발도상국 인재를 양성하는 국제화 교육기관이다.

2011년에는 'UN 아카데믹 임팩트(UNAI)' 글로벌 허브 기관으로도 선정됐다. 유엔 아카데믹 임팩트는 반기문 유엔 사무총장이 뉴욕 유엔본부에서 출범시킨 국제 교육 협력 협의체로, 유엔과 전 세계 고등교육 기관들이 제휴하여 다양한 국제 문제의 해결을 위해 활동하고 있다.

2015년 5월에는 한동대학교와 김영길 전 총장이 회장을 맡고 있던 UNAI Korea가 공동으로 제2차 UNAI 서울포럼을 개최했다. '세계시민 양성 교육 활성화를 위한 유엔 아카데믹임팩트 등의 역할과 유엔 아카데믹임팩트 대학 네트워크 강화 방안' 등을 주제로 열린 이 포럼에는 반기문 유엔 사무총장과 이리나 보코바 유네스코 사무총장을 비롯한 국내·외 교육 관계자들이 참석했다.

이 같은 한동대학교와 UNAI의 협력은 이후에도 계속 이어져 2019년에 한동대학교에 설립되는 반기문글로벌교육원과 전인적 세계시민교육(GRACE, Globally Responsible and Advanced Citizenship Education)을 통합적으로 제공하는 김영길 그레이스 스쿨 개원으로 연결되었다.

한동대학교의 국제화를 보여주는 또 하나의 축은 2002년 설립된 아시아 최초의 미국식 로스쿨 한동국제법률대학원이다. 미국 변호사 자격을 가진 교수들이 100% 영어로 진행하는 수업을 통해 학생들이 '인성과 실력을 겸비한 전문가'로 성장하고 있다. 지금까지 한동대 로스쿨을 거쳐 미국 변호사가 된 사람은 458명으로, 졸업생 대비 합격률이 약 70%에 이른다. 이들은 국내외 로펌과 기업 등에서 활발히 일하며 '한국 문제를 잘 아는 글로벌 법률 전문가'로서 사회 발전에 기여하고 있다.

하인, servant
하나님의 사람
장느홍

● 장순흥(오른쪽) 한동대 총장이 2017년 11월 16일 경북 포항 한동대에서 이낙연(가운데) 국무총리와 김관용 경북도지사에게 재난 현장 브리핑을 하고 있다.

25

포항 지진으로 대학 외벽 붕괴에도 인명 피해는 없어

재난 대비 기구 발족한 날 지진 발생
"모두 무사하도록" 기도 되뇌며 학교로
학교 정상화 위해 솔선수범 본관 사수

2017년 11월 15일은 한동대학교 총장으로서, 또 대한민국 국민의 한 사람으로서 잊을 수 없는 날이다.

평소와 다름없는 하루였다. 그날은 일산 킨텍스에서 이낙연 국무총리 주재하에 국무총리 자문기구인 국민안전안심위원회의 발족식과 더불어 첫 번째 회의가 있었다. 국민안전안심위원회는 각종 재난 상황을 예방, 관리하고 국민들을 안심시키는 정책의 수립에 도움을 주기 위해 만들어진 자문기구이다. 위원회는 18인의 전문가로 구성되었고, 나는 원자력 안전 전문가로 참석하였다. 나는 그날 회의에서 재난은 예방하는 것이 가장 좋고, 그래도 발생할 때는 가능한 한 빨리 조치하고 복구해야 한다는 의견을 냈다.

회의가 끝난 직후 오후 2시 29분쯤, 대한민국 역사상 전례 없는 큰 규모의 지진이 발생했다는 소식을 접하게 되었고, 놀랍게도 바로 그 진앙지가 한동대학교가 위치한 포항시 흥해읍이었다고 했다. 아이러니하게도 재난 상황을 대비하기 위해 만들어진 기구의 발족식이 있던 날, 첫 회의가 끝나자마자 재난 상황이 발생한 것이다.

내 전화기는 불이 나기 시작하였다. 학교에서는 긴급 상황 보고 절차에 따라 총장인 나에게 상황을 보고하기 시작하였다. 교내 느헤미야홀의 외벽 벽돌들이 떨어지는 장면이 언론을 통해 방송되었다.

"하나님, 제발 우리 학교에는 어떠한 인명 피해도 없고 모두 무사할 수 있도록 지켜 주십시오."라는 기도가 저절로 나왔다. 나는 그 길로 곧장 포항으로 향했다. 포항으로 내려오는 길에도 기도는 끊임없이 계속되었고 최종적으로 인명 피해는 전혀 없다는 연락을 받고서야 안도의 한숨을 내쉴 수 있었다.

저녁이 되어서야 포항에 도착하였다. 무너진 학교를 재건해야 한다는 생각에 잠을 이룰 수가 없었다. 재건에 따른 비용 문제를 어떻게 해결하고, 학교를 떠나 각 가정으로 대피한 학생들에게 어떻게 수업을 진행할 것인지 등 여러 가지 고민들이 머릿속에 온통 가득하였다.

"은과 금은 내게 없거니와 내게 있는 이것을 네게 주노니 나사렛 예수 그리스도의 이름으로 일어나 걸으라"고 하시는 사도행전 3장 6절의 "일어나 걸으라"는 말씀을 읊조리며 잠자리에서 일어났다.

서둘러 옷을 챙겨 입고 새벽기도를 드리고 난 후, 학교 건물들을 직접 돌아보기 시작하였다. 원자력 안전전문가로서 재난 현장은 직접 걸어다니면서 육안으로 확인하고 진단을 내리는 것이 매우 중요하다고 판단해서였다. 무너진 학교 내부를 돌아보며 나는 하나님의 대학, 한동대학교를 어떻게든 정상화시켜야 한다는 의지를 더욱 굳건히 하였다. 4시간 정도에 걸쳐 학교 건물 전체를 살펴보니 2개 건물을 제외하고는 주요 기둥의 상태가 양호했다. 나중에 전문 업체에 안전 진단을 의뢰할 때에 이 정보가 중요하게 작용을 하였다.

아침에 교내 리더십을 구성하고 있는 교무위원들을 불러 긴급 교무회의를 열었다. 다들 붕괴 위험성 때문에 건축한 지 20년이 넘은 본관(현동홀)에서 회의할 것을 주저하였다. 하지만 이미 새벽에 안전 진단을 마친 나는 추가 붕괴의 위험은 없다고 확신하였고 무엇보다도 행정을 빨리 정상화하려면 리더들이 솔선수범하여 본관을 지켜야 한다고 생각했다. 행정 업무의 중추적인 역할을 하는 대학본부 건물부터 정상화가 되어야 학교 전반의 정상화가 이루어질 수 있다고 믿었기 때문이다. 무엇보다도 우리의 구주 되시는 하나님 아버지께서 우리를 지켜 주시기 때문에 지진이 났어도 인명 피해가 전혀 없었고 앞으로도 하나님께서 우리를 지켜 보호하여 주실 것이라는 믿음이 있었다. 그리고 지금 겪고 있는 이 지진으로 인해 우리는 오히려 더 큰 축복을 받을 거라는 믿음이 나도 모르게 맘속에서 샘솟았다. 이러한 믿음 때문이었을까? 어느 누구도 예상치 못한 일들이 일어나고 있었다.

하인, servant
하나님의 사람
자는흥

● 장순흥(오른쪽 두 번째) 한동대 총장이 2018년 4월 경북 포항 한동대에서 열린 '지진·지열발전 관련 공동연구단 출범식'에서 포항 지진의 원인을 설명하고 있다.

26

포항의 미래 걸린 지진 원인 규명…
촉발 지진으로 확인

한동대 교수진 중심 특별조사단 꾸려
저명한 지진 전문가와 함께 공동 조사
결과 발표 후 지진 도시 오명 벗어나

지진 발생 후 학생들은 모두 각자의 집이나 안전한 곳으로 대피하고 학교에는 거의 남아 있지 않았다. 어차피 모든 건물을 보수해야 하는 상황이라 교내에서 대면 수업을 진행하는 것은 불가능했다. 차선의 선택으로 온라인 수업을 시작하게 되었다. 물론 이때에 시작한 온라인 수업이 훗날 코로나19 상황을 맞아 재개된 온라인 수업에 큰 도움을 줄 것이라고는 상상도 못했다. 2020년에 코로나19 팬데믹 상황이 발생하였을 때, 국내외의 많은 대학들이 개강을 늦추고 겨우겨우 온라인 수업 시스템을 구축해 뒤늦게 학기를 시작하는 등 파행을 겪을 때, 우리 대학교는 이때 터득한 온라인 강의 노하우 덕택에 예정된

일정에 맞춰 새 학기를 시작할 수 있었다. 이와 같은 하나님의 축복은 작은 것에 불과하였다. 지진 이후에 하나님께서는 우리가 상상하지도 못한 또 다른 큰 축복들을 준비하고 계셨다.

포항 지진이 발생하기 1년 전 우리는 당시 대한민국 지진 관측 이래 가장 큰 규모의 지진이었던 규모 5.8의 경주 지진을 경험하였다. 2016년 9월 12일에 이 지진이 발생함에 따라 나는 원자력 발전소가 위치한 경주 지역 전역에 지진계를 설치하여 계속 모니터링할 필요가 있다는 의견을 원자력안전위원회에 전달하였다. 원자력안전위원회는 국내 최고의 전문가로 꼽히는 이진한 고려대 교수와 부산대 김광희 교수에게 경주 인근에 지진계를 설치하고 계속해서 모니터링할 수 있도록 요청하였다. 1년 전에 발생한 경주 지진으로 인해 포항 인근에도 많은 지진계가 설치되어 있던 터였다.

포항 지진 발생 직후, 지진의 발생 원인에 대해 여러 전문가들이 의견을 내놓기 시작하였다. 원래 포항이 환태평양 지진대에 속해 있기 때문에 자연지진이라고 주장하는 학자들도 있었다. 하지만 이진한 교수팀이 가지고 있던 데이터를 분석해 보니 지진의 진앙지가 포항에 위치한 지열발전소 근처였고 진앙의 깊이도 10㎞ 이내였다.

이는 자연지진일 가능성보다는 지열 발전에 따른 촉발(유발)지진일 가능성이 높다는 점을 시사했다. 나는 즉각 교내 교수진을 중심으로 지진특별조사단을 꾸렸고, 외부의 지진 전문가들과 공동으로 조사하기 시작하였다.

이런 활동에 회의적인 사람들도 많았다. 우리나라에서 진상 조사 위원회를 꾸린들 제대로 된 진상 조사가 이루어진 적이 있느냐는 것이었다. 하지만 나는 자연지진이냐 인공지진이냐 하는 문제는 포항의 미래를 위해 매우 중요하며 그것이 훗날 이 지역에 미치는 영향은 엄청날 것이라고 주장하였다. 그것이 결국 포항시와 시민들의 마음을 움직였고, 포항시민들의 적극적인 조사 요구로 마침내 정부 차원에서 포항 지진의 원인을 규명하기에 이르렀다. 국내외의 저명한 지진 전문가들로 구성된 포항지진특별조사단은 지진 발생 후 약 1년 5개월이 지난 2019년 3월 20일에 포항지진은 지열발전으로 인한 유발(촉발)지진이라는 연구 결과를 발표하게 된다.

이로 인해 지진 도시라는 오명으로 걷잡을 수 없이 떨어지던 포항의 위상이 다시금 제자리로 올라서게 되었고, 물가와 부동산 가격이 안정세에 접어들게 되었다. 이는 또 포항 지역의 경제와 관광산업이 새롭게 부흥하게 되는 계기가 되었다. 곧 안전 도시 포항으로 거듭나게 된 것이었다. 한동대학교 역시 지진 피해 약 19일 만에 전반적인 복구 작업을 완료하여 각자의 집이나 안전한 곳으로 대피했던 학생들을 다시 학교로 불러올 수 있게 되었고 남은 2017학년도 2학기를 잘 마무리할 수 있었다. 또한 2018학년도 입시도 지진의 여파에 지방의 사립대라는 핸디캡까지 안고 있음에도 불구하고 예년보다 더 높은 경쟁률을 기록하여 우수한 자원들을 신입생으로 유치하는 등 입시 또한 성공적으로 치를 수 있도록 하나님께서 축복하여 주셨다.

어려운 상황 속에서도 하나님께서는 한동대학교에 큰 축복을 내려 주신 것이다. 복구를 위해 필요한 비용 약 60억 원가량도 하나님께서는 차고 넘치게 채워 주셨다. 한동대학교 개교 이래 가장 큰 위기와 고난의 순간에 하나님께서는 한동대학교를 잊지 않으시고 더 큰 축복을 우리에게 준비해 주셨던 것이었다. "주님 감사합니다. 주님 감사합니다." 나에게 있어 한동에서의 삶은 하루하루가 감사가 넘치는 삶이 되었다.

하인, servant
하나님의 사람
장논흥

● 20년 넘게 무밭으로 방치됐던 한동대 서쪽 지역에 2019년 5월 들어선 '김영길 그레이스스쿨' 및 '반기문글로벌교육원' 전경.

27

한동대 재건 눈물로 기도…
국내외서 도움의 손길 이어져

NIBC 동문들, 직접 찾아와 피해 복구
포스코·현대제철은 철강재 무상 지원
한 교회에선 거액의 성금 보내주기도

막상 지진 피해가 난 학교를 돌아보니 사람의 마음으로는 어떻게 해결해야 할지 정말 막막하였다. 순간순간마다 하나님께 이 재난을 극복할 수 있는 방법을 알려 달라고 기도와 눈물로 간구하였다. 집, 학교뿐만 아니라 시간과 장소를 가리지 않고 나의 기도는 온통 한동의 재건에만 초점이 맞추어져 있었다.

비용을 고려하기 전에 먼저 복구 작업부터 서둘러야겠다는 생각이 들었다. 그러던 와중에 하루는 아내와 함께 무너진 학교를 위해 뜨겁게 기도하게 되었고, 기도 중에 2015년 초에 베트남 출장에서 만난 NIBC(Not I But Christ) 동문들을 떠올리게 되었다. NIBC는 한동대학교

공간환경시스템공학부(건축, 토목, 도시환경 전공) 출신의 졸업생들로 구성된 기업이며, 베트남에서 크게 건축 사업을 하는 동문들이었다. 때마침 NIBC 동문들로부터 연락이 왔고 지진으로 어려워진 학교의 상황을 함께 이야기하게 되었다.

이에 NIBC의 많은 동문들이 직접 한국의 포항까지 와서 피해 규모 파악과 복구를 위해 많은 도움을 주었다. 당시 피해 복구에 약 60억 원가량이 필요했는데 1/3가량이 특별재난지원금 명목으로 지방 정부를 통해서 지원되었고 나머지 2/3가량은 정말 뜻하지 않은 여러 손길들을 통해 채워졌다. 특별히 우리 대학교와 큰 관계를 맺고 있지 않던 어느 교회에서는 1억 원가량의 성금을 보내 주시는 등 정말 순간순간 하나님께서 보여 주시는 놀라운 기적을 체험할 수 있는 나날들이었다.

또한 우리 대학교와 그동안 관계가 소원했던 POSCO와 현대제철에서도 철강재를 무상으로 지원해 주어서 건물 피해 복구에 많은 도움이 되었다. 이처럼 NIBC를 비롯한 국내외의 여러 도움의 손길에 힘입어 지진 복구가 어느 정도 마무리될 무렵, 나는 부임 초부터 마음먹고 있던 한동의 서부 지역 개발을 구체화하기 시작하였다.

지진으로 인해 폐허가 되어 있던 한동 땅에 다시금 생기가 돌기 시작하였다. 지진 이후 단시간 내에 복구 작업을 완료하면서 생긴 자신감이 한동의 서부개척이라는 프로젝트로 연결되는 시점이었다. NIBC와 손을 맞잡고 가장 먼저 개교 이래 20년이 넘는 기간 동안 무밭으로만 활용되어 황무지와 같던 한동의 서쪽 동산에 '김영길그레이스스쿨 및 반기문글로벌교육원' 건물을 지어 완공하게 되었다. 길도, 전기도, 물도 없던 그곳에 새로운 건물이 들어서니 그 감격이 이루 말할 수가 없었다. 이때가 바로 2019년 5월 27일의 일이니, 지진이 발생한 지 약 1년 5개월 만에 완전한 지진 복구에 이어 새로운 건물까지 준공하기에 이른 것이다.

무엇보다도 다행인 것은 김영길 총장님이 소천하시기 한 달여 전에 김 총장님의 마지막 유업이었던 세계시민교육의 배움터인 김영길그레이스스쿨 및 반기문글로벌교육원을 준공할 수 있었다는 것이었다. 비록 투병 중이시라 준공식에는 참석하지 못하셨지만 온라인으로 송출된 준공식 장면을 지켜보시면서 그 누구보다도 기뻐하셨고 축하해 주셨다. 당시에 총장님이 직접 참석하지 못하셔서 너무 아쉬웠지만, 세월이 흐르고 그 때를 되돌아 보니 총장님의 마지막 가시는 길에 큰 선물을 드린 것 같아 나름 위안이 된다. 이후 2020년 6월 3일에는 한동의 새로운 기숙사인 갈대상자관을 준공하여 본격적으로 한동대학교의 서부 개척 시대를 열게 되었다.

지진 복구 작업을 통해 얻게 된 자신감으로 20여 년이 넘는 세월 동안 개발이라고는 엄두도 내지 못하던 한동의 서부 지역을 단 1~2년

만에 개발할 수 있었던 것은 하나님께서 우리 한동에 주신 큰 축복임을 고백하지 않을 수 없다. 만약 우리가 지진이라는 큰 피해를 입고 충격과 실의에 빠져 아무것도 하지 않고 두 손 놓은 채 누군가의 도움만 바라고 있었더라면 한동이 지금처럼 다시 일어설 수 없었을 것이다. 정말 우리의 구세주 되시는 하나님 아버지를 온전히 믿고 그 믿음으로 주님께서 주신 시련에 담대히 맞서 싸워 나가면 주님께서는 그 시련과 고통 뒤에 더 값진 열매로 채워 주신다는 것을 한동의 지진을 통해 실제로 체험할 수 있었다. 포항 지진의 회복 과정을 비롯한 그 이후의 모든 일들은 비로소 내 삶의 간증이 되었다.

한동의 역사는 2017.11.15 포항지진 이전과 지진 이후로 나누어질 만큼 괄목할 진전을 이루었다고 해도 과언이 아닐 것이다. 실제 눈에 보이는 건물 등 하드웨어적인 성장도 그러하겠지만 그 내면에 보이지 않는 부분의 발전은 더욱 괄목할 만하다고 할 수 있겠다.

그중에서도 무엇보다 한동인들의 주님을 향한 믿음이 더욱 커졌다고 할 수 있다.

하인, servant
하나님의 사람
장논흥

● 장순흥(앞줄 오른쪽 세 번째) 한동대 총장이 2017년 4월 경북 포항 한동대 캠퍼스 내에 설치된 '보아스 메디컬' 개원 예배에서 관계자들과 함께했다. 장 총장 왼쪽이 장응복 장로, 오른쪽은 고준태 원장.

28

코로나 19 어려운 상황 겪으며
주님의 예비하심 알게 돼

교내 병원 설치 학생·교직원 건강 살피고
포항 사태 겪으며 비대면 수업 미리 준비
직원들은 급여 일부 반납 재정 손실 막아

2020년 3월, 세계보건기구(WHO)는 코로나19에 대해 세계적 대유행, 즉 팬데믹(pandemic)을 선언했다. 국내외의 대학들은 새로 비대면 수업 시스템을 구축하기 위해 2020년 1학기 초유의 개강 연기를 시행했으며, 학사 운영, 교수학습, 방역 및 학생 관리 등에 큰 차질이 빚어졌다.

나는 주님께 "우리에게 닥쳐온 위기 상황을 주님께서 주신 지혜와 용기로 슬기롭게 잘 해결해 나가는 한동인 모두가 되게 해 주시옵소서"라고 기도하며 한동 앞에 다가온 또 다른 고난을 맞이했다.

감사하게도 한동대학교는 2020학년도 1학기 개강 및 학사일정의 연기 없이 원래 예정했던 3월 2일부터 학기를 시작할 수 있었다. 지난 2017년에 발생한 포항 지진 사태 때 교수와 학생들이 화상강의 클라우드 플랫폼 Zoom-System을 통해 이미 성공적으로 위기관리를 해왔기 때문이다. 한동대는 학생들의 안전을 최대한 보장하면서도 수업은 기존과 동일한 수준으로 제공할 여건이 이미 조성돼 있었다.

한동대학교 개교 이래 지진이라는 큰 고난의 순간에도 하나님께서는 하나님의 대학을 잊지 않으시고 더 큰 축복을 우리에게 준비해 주셨던 것이었다.

한동의 코로나19 극복에 큰 힘이 되었던 또 다른 주님의 계획하심은 2017년 4월 한동대학교 내에 개원한 '보아스메디컬'이었다. 내가 한동대학교에 취임하고 보니 교내에 학생들의 건강을 책임질 교내병원이 없었다. 이에 병원 설치를 위해 2년간 노력한 끝에 한동대학교 첫 명예박사님이자 평생을 의사로 섬기신 온누리교회 장응복 장로님의 협조로 교내에 병원을 설치하게 되었다. 어려움에 빠진 나오미와 룻을 회복시킨 보아스의 이름을 따서 '보아스메디컬'이라 이름 지었다. 또한 한동대 구성원들이 마음까지 회복해 돌아갈 수 있는 공간이 되길 바란다며 고준태 박사님이 흔쾌한 마음으로 초대 원장에 취임하여 학생들과 교직원의 건강을 두루 살피시게 되었다.

덕분에 우리 학교는 안심병원 수준의 안전보건 수칙을 이행할 수 있었다. 발열 점검, 마스크 착용, 엄격한 사회적 거리를 유지했다. 특히 고준태 원장님과 생명과학부 교수님들을 중심으로 지역 보건소와 긴밀한 협력을 하며, 학교가 제공할 수 있는 최선의 보건의료 환경을 제공했다. 그 덕분에 한동대학교는 2021년 1학기까지 단 한 명의 확진자 없이 학사를 운영할 수 있었다.

국내 코로나19 상황이 절정에 치닫던 3월 23일, 학교에서 긴급 교무회의가 소집되었다. 나는 "코로나19로 인한 휴학생이 급증하고 3월 한 달간 기숙사가 공실로 운영되어 재정적 손실이 크므로 재정적 어려움 극복에 동참한다는 취지에서 급여의 일부를 반납하도록 하겠습니다."라고 고백했고, 다른 교무위원 분들도 자발적으로 동참해 주었다. 이러한 한동의 공동체 정신은 모든 교직원들에 이르기까지 확대되었다. 총장으로서 참으로 고마운 일이 아닐 수 없었다.

"모든 것이 합력하여 선을 이룬다"라는 로마서 8장의 말씀처럼 어려운 때일수록 한동인 모두가 합력하여 코로나19를 극복하고 더 나은 하나님의 대학으로 발전해 나갈 수 있었음을 하나님께 감사드린다.

2020년 1학기를 마무리하며 그간의 비대면 수업을 점검해 본 결과 한동대학교 고유 특성인 '신앙훈련과 공동체 생활을 통한 인성교육' 뿐만 아니라 모든 강의 영역을 진행함에 있어 온라인만으로는 한계가 있다고 판단했다. 이에 2학기부터는 모든 강의를 대면·비대면으로 동시 운영했고, 안심병원 수준의 방역 대책 속에 3000명이 넘는 대부분의 학생들이 안심하고 캠퍼스에 돌아올 수 있도록 했다. 그들은 기숙사에 머무르며 실험, 실습 교과목, 신입생 인성교육 등을 포함한 모든 분야에서 정상적인 학업을 이어갔다.

나는 앞서 말한 포항 지진과 코로나19 팬데믹을 통해 한동인 모두가 이처럼 어려운 시기를 겪으며 하나님께서 우리에게 주시고자 한 뜻이 무엇인지를 깨닫게 되었다.

> "이것을 너희에게 이르는 것은 너희로 내 안에서 평안을 누리게 하려 함이라 세상에서는 너희가 환난을 당하나 담대하라 내가 세상을 이기었노라"(요한복음 16:33)

하나님께서는 고난과 시련을 통해 우리를 믿음 안에서 더욱더 강하게 연단하고자 하시고, 이전보다 좀 더 주님을 알기 원하시며, 우리로 하여금 주님 앞으로 한 걸음 더 나아가기를 원하시는 것이다.

하인, servant
하나님의 사람
장논흥

● 2021년 7월 15일 경북 포항 한동대에서 개최된 '2021 한인세계선교사대회'에서 전 세계 한인 선교사들이 자리를 함께했다.

29

한국 최초 선교사대회 개최…
희망과 은혜 나눠

매회 미국서 열린 '한인세계선교사대회'
선교에 깊은 열정 가진 한동대서 주최
학문적·인적 참여 통해 산학 협력 이뤄

지난 40여 년 동안 한인세계선교사대회는 미국의 휘튼대학교와 아주사대학에서 개최되어 왔다. 2016년 미국 캘리포니아주 아주사대학에서 제15차 KWMF 대회가 열렸다. 당시 나는 한인 세계선교사대회를 한국에서 개최하지 않는다는 것이 의문스러웠다. 미국의 선교사님들에게 물었더니 대회에 새로운 모티브가 필요하나 재정적인 여건상 한국에서 개최하기는 어렵다고 했다.

한동대학교는 "하나님의 방법으로 하나님의 인재를 양성하는 하나님의 대학"임을 선포하며, 지난 1995년에 개교하였다. 한동대학교는 선교에 깊은 관심과 열정을 가진 대학이고, 1997년에는 피지 선교 활동 중에 최초로 강경식, 권영민 2명의 재학생 순교자가 나오기도 했다.

만약 기독교 대학이 선교와 복음 전도에 소홀하게 되면 세상의 수많은 기독 대학들과 같이 세속화의 길에 접어든다. 그런 면에서 선교사 대회 유치는 한동대의 정체성을 지키는 가장 좋은 방법이라고 보았다. 그런 믿음으로 나는 KWMF 측에 '40여 년 한인선교사 역사상 처음으로 한국에서 한동대학교가 제16차 한인세계선교사대회를 주최하고 싶다'라고 전달했다.

KWMF는 한동대가 초교파 대학이기도 하고, 선교사들이 지낼 수 있는 기숙사도 갖추었으며 선교사들이 생각하는 방향과 부합한다며 한동대의 대회 주최를 결정했다. 그때 '한동대가 장소 대여에만 그치지 않고 선교 전략·비전을 제시하는 능동적 역할을 해야겠다'라는 비전을 품게 됐다. 이러한 비전은 선교사대회가 종료된 후에도 세계 각지의 선교사들을 지속적으로 지원하고 그들에게 전략을 제시할 수 있는 기관인 '한동대학교 글로벌 사명원'의 신설로 이어지게 된다.

한인선교사대회는 2020년 7월에 개최될 예정이었지만 그해 3월 코로나19 팬데믹이 선포됨에 따라 전 세계에 파송된 선교사들이 한자리에 모이기 어려웠다. 이에 따라 그해 4월 19일 한동대학교와 KWMF 임원회는 한인세계선교사대회를 연기하기로 했다.

하나님께서 최초로 한국에서 열리는 선교사대회의 의미를 성찰하고 마음의 준비를 더할 수 있도록 시간을 주신 것이다. 전혀 예기치 못한 상황에서 인간의 한계를 보며, 한동대학교와 KWMF 임원회 모두는 겸손히 하나님의 도우심을 구했다.

다행히 1년 후인 2021년 7월에 '2021 KWMF 한인세계선교사대회'를 한동대에서 개최할 수 있었다.

이는 한동대가 성공적인 코로나19 방역 대책을 통해 이듬해인 2021년까지 한 명의 확진자 없이 학사를 운영해 왔고, 포항 지진 당시 보인 위기 극복 역량과 포항 지진 원인 규명을 통해 구축한 포항시 지자체와의 신뢰 관계가 기반이 되어 주었기에 가능했다.

이 대회는 과거 미국에서 장소만 빌려 진행했던 것과는 차이가 있었다. 한동대의 학문적, 인적 참여를 통해 선교사들과 산학 협력을 이룰 수 있었다. 또 한동대학교 MK 학생들로 구성된 자원봉사자 160명과 선교사들 간의 교제는 다음 세대로 이어지는 선교의 세대 간 교류가 구체적으로 이루어지는 시험대가 되었다.

한국에서 최초로 개최된 한인세계선교사대회에서는 '포스트 코로나 시대의 한국선교, 성찰과 제안'이라는 주제로 성찰과 통찰, 제안, 소망의 4가지 어젠다를 가지고 한국 선교의 방식을 돌아보고, 위기 극복 방안을 모색하며, 현재 상황을 통해 희망과 은혜를 나눌 수 있었다. 특히 '선교사 중심의 대회'로 축이 이동했다. 과거에는 설교 중심, 대형교회 목회자들 중심으로 진행되었다면, 이번에는 선교사들이 직접 프로그램을 짜면서 현지 선교사들의 피부에 와닿을 수 있는 내용으로 구성했다.

또한, 복음 전파는 선교사만의 사명이 아니며, 기독교인 하나하나가 사명자로서 자세를 가져야 함을 인식했다. 이 밖에 은퇴를 앞둔 선교사가 많은 상황에서 차세대 선교사와 현지인 선교사를 육성해야 할 필요성에 대해 공감했다. 선교대회에 160여명의 MK 학생이 자원봉사자로 섬긴 것은 많은 젊은이가 선교사적 사명을 이어받는 계기가 되었다.

한편, 한동대학교로서는 이번 대회를 통해 개교 이래 많은 기독교인들의 후원과 기도로 성장해 온 데서 탈피해, 과거처럼 받기만 하는 것이 아니라 한동의 전문성과 신앙을 나눠 줄 수 있는 전문 교육기관이 될 수 있다는 것을 경험할 수 있었다.

하인, servant
하나님의 사람
장훈흥

● 장순흥(왼쪽 네 번째) 한동대 총장이 2021년 12월 1일 온라인으로 세계선교 전략가인 루이스 부시 박사에게 명예박사 학위를 수여하고 있다.

30

'하나님의 대학' 한동대, 세계 선교의 전초기지로 키워

**달란트 활용 기술·지식 선교 현장에 접목
복음 전파하는 전문 선교사의 역할 커져
지속적인 선교 사역 도움 주기 위해 노력**

과거 한국에서 기독교가 부흥했던 것은 미국인 선교사들이 직접 선교 활동을 하는 한편 한국의 목사와 선교사들을 육성·후원하여 그 일련의 활동들을 재생산할 수 있는 환경을 만들었기 때문이다. 이 점을 감안할 때 이제 한국교회 선교는 온라인 기술과 개방된 세계화 속에서 각국의 현지 선교사 육성 전략에도 힘을 쏟아야 할 것이다.

한동대학교에서 한인 세계선교사대회를 진행하며 새로운 선교 전략을 발굴하고 선교사들의 현지 문제를 해결해야 할 필요성을 느꼈다. 복음 내용은 영원히 변하지 않지만, 선교의 방법과 전략, 파송된 선교사들의 현지 문제를 해결하는 방법은 한국 교회와 모든 크리스천

이 함께 고민해야 할 것이다. 전통적인 목회자 선교와 더불어 사이버 공간을 활용한 선교, 문화 콘텐츠를 이용한 선교 등 다양한 분야의 선교 전략이 필요한 때다. 특별히 하나님으로부터 부여받은 달란트를 활용해 자신의 지식과 재원을 선교와 연결시키는 것이 필요하다. 기술과 지식을 무기로 선교 현장에 접근하는 평신도 전문인 선교사들을 더욱 육성해야 한다. 이에 부응하여 한동대학교는 선교 사역을 꾸준히 지원하기 위해 한동글로벌사명원(GMI, Global Mission Institute)을 개원했다. 한동대학교를 넘어 한국의 기독 교수들이 100여 개 부속센터를 맡아 지역별, 기능별로 선교사들을 지원하게 된다. 이러한 한동대 글로벌사명원의 활동은 국제적으로도 주목받고 있다.

한동대는 2021년 12월 초에 세계선교 전략가인 루이스 부시(Dr. Luis Bush) 박사에게 명예 박사학위를 수여하고 그분을 글로벌 사명원 특별 고문에 위촉했다. 부시 박사는 '10/40 Window', '4/14 Window' 운동 등 새로운 선교 패러다임을 통해 크리스천 양성과 세계 선교 사역에 임하고 있다.

개교 이래 지금까지 하나님의 대학임을 표방해 온 한동대학교는 이제 명실상부한 세계선교의 전초기지이자 전문인 선교사를 양성하는 최고의 기관으로 나아갈 중요한 계기를 맞이했다. 이를 통해 한동이 더욱 글로벌한 기독교대학, 선교 중심대학으로 우뚝 설 수 있길 소망한다.

이 글을 쓰면서 나의 삶 전체를 조명하는 한편 하나님이 어떻게 나를 인도하셨는지 회고하는 기회를 가질 수 있었다. 또한 주님이 주신 고난과 함께 믿음의 '사명'과 '은혜'를 다시 반추하게 되었다.

돌아보면 하나님을 만난 1970년대 고교 시절에는 고등부 회장으로, 대학 시절엔 예수전도단, 유학 시절엔 보스턴 한인교회 청년 활동을 통해 복음의 사명 의식과 신앙의 뿌리를 세워 주셨다. 1982년에는 카이스트 원자력공학과로 부르시어 2000년대 대한민국 원자력 기술 자립 및 원자력 수출과 입시제도·대학 교육혁신을 위한 도구로 쓰셨으며, 2014년 하나님의 대학 한동대학교의 총장으로 불러주셨다.

한동에서는 문제 해결 중심 교육과 인성 교육을 강조하며 다음 세대들에게 하나님의 뜻을 심어줄 수 있었다. 때로는 하나님께서 UNDPI NGO 콘퍼런스 주관 학교로서 한동 앞에 국제화의 길을 내어 주시기도 했으며, 성경읽기운동(PRS)이 교직원을 포함한 전교생에게 퍼져 한동의 문화로 자리잡게 해 주셨다. 또한, 현대사회 속에서 '동성애와 동성 결혼에 대한 신학적 입장'을 제창하고, 2021년에는 한인 세계선교사대회를 통해 한동대학교가 '하나님의 대학, 선교 중심 대학'으로서의 정체성을 확고히 하도록 하셨다. 이 모든 것이 하나님의 은혜와 사명에 이끌리는 삶에서 비롯되었다.

주님이 이끄신 길 가운데에 포항 지진과 코로나19 팬데믹과 같은 역경과 고난이 있을 때면 하나님의 의를 구했고 위기 때마다 하나님이 항상 함께해 주셨다. 때로는 위기가 축복으로 변하기도 했다. 나는 하나님의 은혜에 감사하며 앞에 놓인 길이 가시밭길일지라도 오직 하나님을 의지하며 사명자로서 걸어갈 것이다. 그렇게 오늘도 주님 앞에 두 손을 모은다.

하인, servant
하나님의 사람
장논흥

에필로그

　모태신앙으로 태어났지만 고등학교 3학년이 되어서야 진정으로 주님을 만난 이후 믿음이라는 소중한 가치를 깨닫게 되었고, 이 소중한 가치를 내 인생의 최우선 순위에 두고 기도와 함께 살 수 있었음에 그저 감사를 드립니다.

　원자력의 상아탑을 넘어 원전 수출까지의 과정은 인고와 보람의 연속이었습니다. 지금도 잊을 수 없는 고 한필순 박사님과 이상훈 박사님과의 만남, 거대한 조직에 맞서 싸워 만들어 낸 장스 밸브, 한국 원전 설계 기술의 자립과 핵연료 국산화 과정, APR1400 개발과 표준설계인가, 원자력진흥종합계획, 마침내 이루어 낸 APR1400의 해외 수출까지 그리고 세계를 공포로 몰아넣었던 후쿠시마 원전사고의 자문위원 활동과 빌 게이츠의 만남까지 매 순간순간 하나님의 강한 임재를 경험할 수 있었습니다.

1982년 카이스트에 부임하여 로버트 러플린과 서남표 두 분의 외국인 총장과 함께 카이스트 교육의 혁신과 변화라는 현장을 이끌었던 시간들은 기쁨과 연단의 시간들이었습니다. 무엇보다도 나노 종합 팹 센터 선정 및 설치, 입학사정관 제도, 교원 테뉴어 및 혁신적 교원 임용 시스템은 대한민국의 나노 사업 성장과 대학 입시제도 개선, 교원들의 철밥통을 깨는 혁신과 변혁을 가져왔습니다.

32년이라는 짧지 않은 기간 동안의 카이스트 교직 생활은 인간관계와 주변 환경, 일하는 방식 등 모든 것이 안정되고 익숙한 삶이었습니다. 반면에 한동은 모든 것이 낯설고 새로웠습니다. 하나님께서 부르신 곳이 어디인지 정확히 알지 못했음에도 고향인 갈대아 우르를 떠나 믿음으로 나아갔던 아브라함의 마음이 이와 같았을까요? 한동으로의 여정은 제 인생의 가장 큰 변화이자 도전이었고 하나님의 말씀에 순종하여 그동안 학자로, 행정가로 쌓아온 연구와 업적을 모두 내려놓고 고향과도 같았던 익숙한 터전을 떠나온 것이었습니다.

총장의 역할 자체가 부담스럽진 않았습니다. 다만, 지난 20년간 헌신하신 김영길 초대 총장님과 교수님, 그리고 한동 구성원들의 피와 땀으로 세워진 한동대학교를 위협하는 외부 환경과 맞서야 할 때는 인간적으로 움츠러들기도 했었습니다. 또한 절대적인 학령인구 감소와 사회적으로 만연한 수도권 편향적 분위기까지, 우리나라 대학 전반에 퍼진 어려움 속에서 어떻게 하면 한동을 안전하게 지킬 수 있을지가 가장 큰 부담으로 다가왔습니다.

이름난 총장이 되고 싶다는 생각은 없었지만, 한동을 꼭 지켜내고 싶은 간절함과 절실함이 저를 쉬지 않게 하였고, 용기를 심어 주었습니다. 매일 잠들기 전 '오늘 하루도 하나님 앞에서 정직하고 성실하게 내게 주어진 일에 최선을 다하였는가?'라고 돌아보며 스스로를 점검하는 일을 게을리 하지 않았고, 하나님께서 맡기신 일을 늘 올바른 태도와 겸손한 자세로 임하려고 노력하였습니다. 지난 시간 학자로서, 교육 행정가로서 쌓아 온 모든 경험뿐만 아니라 청년의 때에 제가 꿈꿔 왔던 하나님의 일들을 한동대학교의 도약과 발전에 쏟아 부었습니다. 하나님의 섬세한 계획 안에서 성실한 일꾼으로 준비되고, 목적에 맞는 도구로 쓰임받았다는 사실이 얼마나 감사한지 모릅니다. 그리고 행복합니다.

한동에서의 삶을 돌아보면 감사의 제목이 어찌나 많은지 모릅니다. 포항 지진으로 캠퍼스는 피해를 보았지만 2차 피해 없이 신속히 수습한 이후 한동대가 주축이 되어 지진 원인 규명을 할 수 있었던 것, 포항 지진과 학령인구 감소에도 불구하고 한동대학교 신입생 모집에서 우수한 학생을 선발할 수 있었고, 대학구조개혁평가 등 여러 평가 지표에서 한동대학교가 최우수 등급을 획득하였으며 재정적인 구조적 성장, 코너스톤홀(공간환경시스템공학부), 하용조관(기숙사), 상자관(기숙사), 복지관의 보아스

메디컬, 김영길 그레이스 스쿨 등 새로운 부지를 개척하고 학생들을 위한 공간과 건물이 들어설 수 있었습니다. 캠퍼스 주변의 도로들이 정비되고 포항 시내버스 노선 편입, 코로나19 팬데믹 속에서도 큰 문제 없이 세계한인세계선교사 대회를 마무리할 수 있었던 것과 한동의 많은 구성원들이 한동글로벌사명원(GMI)을 중심으로 100개가 넘는 센터를 구성하고 참여하게 된 것, 한동대학교가 신앙과 선교의 활력을 찾아 성경 읽기 문화가 정착되고 새벽 기도와 저녁 예배 기도가 회복된 것 등 일일이 열거하기에도 힘이 들 정도입니다. 그저 주님의 은혜입니다.

이제 임기 8년을 마치고 떠나갑니다. 짧지 않은 고난과 영광의 시간이었습니다. 그러나 로마서 8:18 말씀대로 고난에 비해서 영광이 훨씬 큰 시간이었습니다. 저는 저의 레이스를 완주하고 이 거룩한 바통을 다음 주자에게 건넵니다. 한동 공동체는 2017년 포항 지진과 2020년 코로나19 팬데믹 상황에서도 하나됨에서 오는 위대함을 경험했습니다. 앞으로도 많은 위기와 도전이 있겠지만 살아 계신 하나님의 대학 한동대학교는 하나님의 은혜 속에서 또다시, 역시나, 반드시 잘 해낼 수 있을 것이라 굳게 믿습니다.

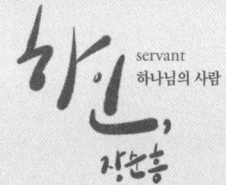